中华人民共和国行业推荐性标准

在用公路桥梁现场检测技术规程

Technical Specifications for Field Inspection of Existing Highway Bridges

JTG/T 5214—2022

主编单位：交通运输部公路科学研究院
批准部门：中华人民共和国交通运输部
实施日期：2022 年 11 月 01 日

人民交通出版社股份有限公司
北 京

律师声明

本书所有文字、数据、图像、版式设计、插图等均受中华人民共和国宪法和著作权法保护。未经人民交通出版社股份有限公司同意,任何单位、组织、个人不得以任何方式对本作品进行全部或局部的复制、转载、出版或变相出版。

本书封面贴有配数字资源的正版图书二维码,扉页前加印有人民交通出版社股份有限公司专用防伪纸。任何侵犯本书权益的行为,人民交通出版社股份有限公司将依法追究其法律责任。

有奖举报电话:(010)85285150

北京市星河律师事务所
2020 年 6 月 30 日

图书在版编目(CIP)数据

在用公路桥梁现场检测技术规程:JTG/T 5214—2022 / 交通运输部公路科学研究院主编. — 北京:人民交通出版社股份有限公司,2022.9
ISBN 978-7-114-18168-9

Ⅰ.①在… Ⅱ.①交… Ⅲ.①公路桥—检测—技术规范 Ⅳ.①U448.14-65

中国版本图书馆 CIP 数据核字(2022)第 151069 号

标准类型:中华人民共和国行业推荐性标准
标准名称:在用公路桥梁现场检测技术规程
标准编号:JTG/T 5214—2022
主编单位:交通运输部公路科学研究院
责任编辑:王海南
责任校对:孙国靖 宋佳时
责任印制:刘高彤
出版发行:人民交通出版社股份有限公司
地　　址:(100011)北京市朝阳区安定门外外馆斜街 3 号
网　　址:http://www.ccpcl.com.cn
销售电话:(010)59757973
总 经 销:人民交通出版社股份有限公司发行部
经　　销:各地新华书店
印　　刷:北京市密东印刷有限公司
开　　本:880×1230　1/16
印　　张:4.75
字　　数:98 千
版　　次:2022 年 9 月　第 1 版
印　　次:2023 年 3 月　第 2 次印刷
书　　号:ISBN 978-7-114-18168-9
定　　价:50.00 元

(有印刷、装订质量问题的图书,由本公司负责调换)

中华人民共和国交通运输部

公　告

第 45 号

交通运输部关于发布《在用公路桥梁现场检测技术规程》的公告

现发布《在用公路桥梁现场检测技术规程》（JTG/T 5214—2022），作为公路工程行业推荐性标准，自 2022 年 11 月 1 日起施行。

《在用公路桥梁现场检测技术规程》（JTG/T 5214—2022）的管理权和解释权归交通运输部，日常管理和解释工作由主编单位交通运输部公路科学研究院负责。

请各有关单位注意在实践中总结经验，及时将发现的问题和修改建议函告交通运输部公路科学研究院（地址：北京市西土城路 8 号，邮政编码：100088），以便修订时研用。

特此公告。

中华人民共和国交通运输部
2022 年 8 月 23 日

交通运输部办公厅　　　　　　　　　　　　　　　　2022 年 8 月 24 日印发

前 言

根据《交通运输部办公厅关于下达2015年公路工程行业标准制修订项目计划的通知》（交办公路函〔2015〕312号）的要求，由交通运输部公路科学研究院作为主编单位，承担《在用公路桥梁现场检测技术规程》（JTG/T 5214—2022）（以下简称"本规程"）的制定工作。

本规程总结我国多年来公路桥梁现场检测经验和科技成果，借鉴国内外相关标准规范的先进技术方法，按照"全面、实用、客观"的指导原则，针对在用桥梁现场检测，从基本程序、方法步骤、检测要求、现场记录、统计汇总和方案报告等方面进行了规定和说明，力求进一步规范公路桥梁现场检测工作，提高其质量和效率。

本规程共包括9章和4个附录，主要内容包括：1 总则、2 术语、3 基本规定、4 现场检测记录与编码规则、5 表观病害检测、6 内部病害检测、7 材质状况与耐久性参数检测、8 结构尺寸与几何形态检测、9 其他检测、附录A 构件编码规则附表、附录B 病害记录与统计表、附录C 支座检查记录表、附录D 伸缩装置检查记录表。

请各有关单位在执行过程中，将发现的问题和意见，函告本规程日常管理组，联系人：宋建永（地址：北京市海淀区西土城路8号，交通运输部公路科学研究院，邮编：100088；电话：010-62029052；电子邮箱：623151019@qq.com），以便修订时参考。

主 编 单 位：交通运输部公路科学研究院
参 编 单 位：中路高科交通检测检验认证有限公司
　　　　　　长安大学
　　　　　　辽宁省交通规划设计院有限责任公司
　　　　　　中国船级社实业公司

主　　　　编：李万恒
主要参编人员：张劲泉　宋建永　李　明　徐　强　姜震宇　杨　宇
　　　　　　　徐　岳　吴　昊　陈宇新　徐　智　唐永利

主　　　审：黄福伟
参与审查人员：张建军　李　健　陈　冉　王众毅　钟建驰　宋　宁
　　　　　　　薛忠军　李　征　胡钊芳　张天申　张革军　杨圣超

参 加 人 员：赵　安　羽　佳　张天能　李彦滨　杨海龙

目　次

1 总则 ………………………………………………………………………… 1
2 术语 ………………………………………………………………………… 2
3 基本规定 …………………………………………………………………… 3
　3.1 检测工作的一般程序与要求 ………………………………………… 3
　3.2 检测工作方案 ………………………………………………………… 4
　3.3 检测报告 ……………………………………………………………… 5
4 现场检测记录与编码规则 ………………………………………………… 7
　4.1 检测记录 ……………………………………………………………… 7
　4.2 编码规则 ……………………………………………………………… 7
5 表观病害检测 ……………………………………………………………… 10
　5.1 一般规定 ……………………………………………………………… 10
　5.2 混凝土结构表观病害检测 …………………………………………… 11
　5.3 混凝土裂缝检测 ……………………………………………………… 12
　5.4 钢结构表观病害检测 ………………………………………………… 14
　5.5 缆索结构表观病害检测 ……………………………………………… 17
　5.6 圬工结构表观病害检测 ……………………………………………… 20
6 内部病害检测 ……………………………………………………………… 22
　6.1 一般规定 ……………………………………………………………… 22
　6.2 混凝土结构内部病害检测 …………………………………………… 22
　6.3 预应力体系检测 ……………………………………………………… 24
　6.4 钢管混凝土填充密实度检测 ………………………………………… 25
　6.5 钢结构焊缝内部病害检测 …………………………………………… 26
　6.6 索结构锈蚀断丝检测 ………………………………………………… 26
7 材质状况与耐久性参数检测 ……………………………………………… 28
　7.1 强度检测 ……………………………………………………………… 28
　7.2 钢筋配置检测 ………………………………………………………… 29
　7.3 钢筋锈蚀状况检测 …………………………………………………… 30
　7.4 碳化状况检测 ………………………………………………………… 31
　7.5 氯离子含量检测 ……………………………………………………… 31
　7.6 电阻率检测 …………………………………………………………… 31

8 结构尺寸与几何形态检测	33
8.1 一般规定	33
8.2 桥梁总体、构件与断面尺寸	33
8.3 桥面高程线形与挠度检测	33
8.4 主拱圈变形及拱脚位移	34
8.5 主缆线形、塔顶变位等	34
8.6 高墩垂直度检测	34
9 其他检测	36
9.1 支座检测	36
9.2 桥梁伸缩装置检测	39
9.3 墩（台）身与基础检测	41
9.4 桥面铺装与附属设施检测	42
9.5 索力检测	43
附录A 构件编码规则附表	45
附录B 病害记录与统计表	51
附录C 支座检查记录表	61
附录D 伸缩装置检查记录表	63
本规程用词用语说明	65

1　总则

1.0.1　为明确在用公路桥梁现场检测工作程序，合理选择检测方法，规范现场检测操作要求，制定本规程。

条文说明

公路桥梁现场检测是开展桥梁评定和养护维修的前期基础性工作。制定在用公路桥梁现场检测技术规程，进一步规范现场检测实施与操作，提高检测数据的准确性与可靠性，为更好地依据现行《公路桥梁技术状况评定标准》（JTG/T H21）、《公路桥梁承载能力检测评定规程》（JTG/T J21）等进行桥梁评定工作提供支撑和保障。

1.0.2　本规程适用于各等级公路在用桥梁的现场检测。

条文说明

本规程主要针对在用桥梁的现场检测，检测项目包括表观和内部病害、材质状况、几何形态等。对荷载试验等已发布专项规程的检测项目，本规程不作相关规定。

1.0.3　在保证准确性和可靠性的前提下，现场检测应鼓励采用先进成熟的方法、软件、设备等新技术。

条文说明

成熟的新技术是指与传统检测技术比对验证为有效可靠的方法、软件和设备等，包括各类检测辅助软件、数据管理系统、无人机检测装置和检测机器人等。采用新技术的目的是在保证检测结果准确、可靠的前提下，提升检测效率，降低工作强度。

1.0.4　在用公路桥梁现场检测除应符合本规程的规定外，尚应符合国家和行业现行有关标准的规定。

2 术语

2.0.1 编码规则　coding rule
为开展公路桥梁现场检测而制定的结构与构件的编号规则与方法。

2.0.2 测区　testing zone
按检测方法、要求布置的包含一个或多个测点的区域。

2.0.3 测点　testing point
测区内获取检测数据的检测点位。

2.0.4 无损检测方法　method of non-destructive test
检测过程中对结构或构件的既有性能没有影响的检测方法。

2.0.5 病害　defects
主要包括缺陷和损伤。缺陷主要是由设计和施工等先天因素引起的不足；损伤是由后期荷载和环境等作用引起的破坏。

2.0.6 表观病害　apparent defects
结构表面采用目视或无损检测方法可见的各种缺陷和损伤。

2.0.7 内部病害　internal defects
不能目视直接识别的结构内部的隐蔽缺陷和损伤。

2.0.8 垂直度　verticality
在规定的高度范围内，桥梁构件表面（中心线）偏离重力线的程度。

3 基本规定

3.1 检测工作的一般程序与要求

3.1.1 公路桥梁现场检测工作的一般程序应符合图 3.1.1 的规定。

图 3.1.1 公路桥梁现场检测一般程序图

条文说明

公路桥梁现场检测一般程序图是对检测工作全过程和几个主要阶段的阐述。对于一般的公路桥梁现场检测项目，程序图中的各个环节都是必不可少的；对于特殊项目的检测，根据检测目的和具体要求确定其检测程序和所包含的相应内容。

准备工作主要包括资料搜集调查和现场勘察。在检测之前结合检测目的和内容，有针对性地熟悉设计图纸、竣工资料、以往检测资料（特别是最近一次的检测报告）以及维修加固情况等。根据现场检测场地、环境、交通组织情况等，了解和确认现场检测条件，以便于有针对性地制订检测方案。

现场的检测工作按照既定的检测方案（参照本规程第3.2节制订检测方案）有序开展。为保证现场检测数据的准确性和可靠性，即时进行现场检测数据的整理分析。发现检测数量不足时，及时进行补检；发现数据异常时，及时进行复测或采用其他方法进行对比验证。完成检测数据的整理分析后，参照本规程第3.3节编制检测报告。

3.1.2 现场取得的试样应及时标识并妥善保存，并应满足相关标识、传递和储存等规定。

条文说明

对于现场取得的试样，借鉴和利用二维码、无线射频等新技术，加强信息的全过程管理。

3.1.3 采用有损检测手段时，应合理选择测区部位，减轻对桥梁构件的结构性损伤。对现场检测造成的损伤，应事先确定修补方案，并及时进行修补。

3.1.4 公路桥梁现场检测的技术资料应归入桥梁养护技术档案。对于已建立养护管理系统的桥梁，其重要病害和主要检测结果宜纳入管理系统。

3.1.5 开展现场检测工作前，应依据精度、量程、使用条件等要求合理选择在检定或校准有效期内的现场检测仪器设备。

3.2 检测工作方案

3.2.1 日常巡查和经常检查应根据现行《公路桥涵养护规范》（JTG 5120）和管养单位的工作计划组织实施。

3.2.2 定期检查应符合现行《公路桥涵养护规范》（JTG 5120）的有关规定。对批量桥梁、独立特大桥、结构复杂桥梁以及上次技术状况评定为3类、4类、5类桥梁的定期检查，还应制订针对性的检查方案。

3.2.3 桥梁定期检查方案宜包括下列内容：
1 概况。包括桥梁的基本信息、结构参数及以往检查、检测、维修加固情况说明等。对上次技术状况评定为3类、4类、5类的桥梁，宜列出主要病害和技术状况评定结果。
2 检查依据及流程。包括检查所依据的标准规范，以及相关的设计、交竣工验收和历年定检报告等技术资料。结合实际情况按本规程第3.1.1条制订检查流程。对批量桥梁，可根据路线和桥梁分布特点，制订桥梁现场检测次序和交通组织方案。

3 构件编号及病害记录规则。对一般桥梁宜按本规程相关附录来制定构件编号及病害记录规则。对建立了养护系统的独立特大桥，可参照养护系统的有关规定，制定构件编号及病害记录规则。

4 现场检查内容及方法。根据桥型确定检查内容及检查重点，明确现场检测方法及要求。对结构复杂桥梁的复杂受力和特殊结构部位（或构件），以及上次技术状况评定为3类、4类、5类桥梁的典型病害发生部位（或构件），应规定针对性的检查内容及方法。

5 技术状况评定方法及流程。明确所依据的评定规范，制订具体的评定流程。

6 组织实施。包括人员组织、仪器设备、交通组织、安全保障措施以及质量保证措施等。

3.2.4 特殊检查应符合现行《公路桥涵养护规范》（JTG 5120）及相关检测规程的有关规定，并制订特殊检查方案。

3.2.5 特殊检查方案除应包括本规程第3.2.3条的内容外，尚应补充特殊检查的必要性，并明确特殊检查数量、内容、方法与现场实施流程。

条文说明

3.2.1~3.2.5 依据现行《公路桥涵养护规范》（JTG 5120）的规定，桥梁检查分为初始检查、日常巡查、经常检查、定期检查和特殊检查。日常巡查和经常检查主要由桥梁养护管理单位依据现行规范和工作计划实施，可以不制订专门的检查方案。定期检查和特殊检查主要由专业检测机构实施，由于技术要求较高，需要事先制订检查方案。初始检查由于要求相对特殊，需要制订专门的检查方案，初始检查方案可以参照定期检查和特殊检查的有关要求编制。

3.3 检测报告

3.3.1 日常巡查应对检查发现的明显病害和异常情况，提出处治措施建议并进行书面报告。

3.3.2 经常检查应现场填写检查记录表。对发现的桥梁重要部位的严重病害和明显异常情况，应提出处治措施建议并进行书面报告。

3.3.3 定期检查应填写定期检查记录表和技术状况评定表，并宜按一桥一报告的原则编制定期检查报告。

3.3.4 定期检查报告应包括下列内容：

1 按现行《公路桥涵养护规范》（JTG 5120）要求，填写桥梁基本状况卡片、桥梁定期检查记录表和桥梁技术状况评定表。

2 本规程第3.2.3条规定的检查方案相关内容。桥梁基本信息补充桥梁总体照片，包括桥面正面照片一张、桥梁两侧立面照片各一张。

3 检测数据和结果汇总。给出典型病害的照片和文字说明，并针对上部结构、下部结构和桥面系进行病害的汇总。

4 重点病害发展变化情况及成因分析。对程度严重、发展较快、影响安全的重点病害，结合历年数据，分析病害发展变化情况和重点病害成因。

5 桥梁技术状况评定。包含本次评定结果，以及与历年评定结果的对比，分析桥梁技术状况发展变化趋势。

6 检测结论及养护建议。提出下次检查时间。

7 附录。包含仪器设备表、桥梁病害示意图、桥梁外观病害检查结果详表、其他检测结果附表，以及与检测结果对应的病害照片、工作照片等。

3.3.5 对需要分册编制报告的定期检查项目，宜编制总报告和一桥一报告，并应符合下列规定：

1 总报告重点描述项目概况、检测依据、检测方案、人员设备、技术状况评定结果汇总、病害类型和数量汇总、典型病害处治建议等。

2 一桥一报告重点描述桥梁基本信息、典型病害分析、桥梁技术状况评定和成因分析及结论与建议。

3.3.6 特殊检查报告应包括下列内容：

1 特殊检查方案规定的相关内容。

2 按现行《公路桥涵养护规范》（JTG 5120）要求，填写桥梁特殊检查记录表。

3 专项检测部位的损坏程度和原因分析。

4 检查方法、检查过程、数据分析和主要结果。

5 特殊检查结论。

6 病害处治及维修加固建议。

7 附录。包含仪器设备信息、示意图、照片、测试化验报告和计算书等。

条文说明

3.3.1～3.3.6 依据现行《公路桥涵养护规范》（JTG 5120）的规定，桥梁检查需填写桥梁基本状况卡片，经常检查需现场填写经常检查记录表，定期检查需填写桥梁技术状况评定表并按一桥一报告原则编制定期检查报告，特殊检查需编制特殊检查报告。初始检查由于涉及交竣工验收等相关规定，涉及桥梁定期检查和部分特殊检查内容，初始检查报告参照定期检查和特殊检查的有关要求编制。

4 现场检测记录与编码规则

4.1 检测记录

4.1.1 现场检测各类病害记录宜按本规程提供的相关附录进行记录。重要病害的连续观测应采用本规程提供的记录方式和记录表格。对于本规程未提及的现场检测项目，其记录表格可参照本规程的相关表格由检测单位进行自行设计。

条文说明

本规程对于常用的桥梁现场检测项目提供了相应的记录表格，现场检测时按照相应表格进行记录。对于其他一些本规程未提及的现场检测项目，检测单位参照本规程的相关表格进行自行设计时，记录表格中需要涵盖该检测项目要记录的相关现场检测信息，并保证记录表格清晰明确、规范易用。对于病害的连续观测，考虑到需进行观测数据的持续对比与分析，本规程规定采用统一的记录方式和记录表格。

4.1.2 现场检测数据应清晰完整地记录在专用表格上。记录信息存在错误或遗漏时，应及时更改或补充，错误或遗漏处进行单横线杠改或添加符号，并应由检测人员在更改信息旁签字，不得涂改。

4.1.3 原始记录表应由检测及记录人员现场签名确认。当采用智能化检测系统进行检测记录时，原始记录表也应由检测及记录人员即时签名确认。

条文说明

原始记录表如采用传统的人工记录的方式，检测和记录人员要进行现场签字，并对原始记录表进行存档。在智能化的检测设备和软件应用越来越多以及倡导无纸化办公的背景下，对于智能化检测设备和软件出具的检测表格，提倡采用电子签名和电子存档的方式进行签字确认和存档。

4.2 编码规则

4.2.1 现场记录填写的路线、桥梁、部件等，应按现行《公路数据库编目编码规则》（JT/T 132）和《公路桥梁命名编号和编码规则》（GB/T 11708）进行编码。

4.2.2 构件编码宜采用 A-B-C-D 的形式，其中 A 为结构部位代码，B 为部件代码，C 为桥跨、墩台或桥联的序号，D 为构件序号。

条文说明

构件编码中的 A、B、C、D 均采用阿拉伯数字形式表示，简单直观、便于应用。其中 A 为 1 位阿拉伯数字，B 为 2 位阿拉伯数字，C 和 D 按实际排序采用阿拉伯数字记录。例如 1-01-110-6，代表上部结构（部位代码为 1）主梁（部件代码为 01）第 110 跨（桥跨序号为 110）第 6 个构件（构件序号为 6）。

4.2.3 代码和序号宜按下列原则确定：
1 结构部位代码 A：上部结构、下部结构、桥面系的代码分别为 1、2、3。
2 部件代码 B：按 01、02、03、04……的顺序表示各类部件的编号。
3 桥跨、墩台、桥联序号 C：桥跨、墩台、桥联由小桩号向大桩号侧按 1、2、3、4……的顺序进行编号。
4 构件序号 D：同类构件横桥向排列时，序号由右向左依次为 1、2、3……；同类构件纵向排列时，序号由小桩号向大桩号侧依次为 1、2、3……。

条文说明

结构部位代码 A 与现行《公路桥涵养护规范》（JTG 5120）保持一致，上部结构、下部结构、桥面系的代码分别为 1、2、3。部件代码 B 与现行《公路桥梁技术状况评定标准》（JTG/T H21）保持一致。桥跨、桥联和墩台序号 C，从小桩号向大桩号侧按 1、2、3、4……的顺序进行编号。墩台编号（有 0 号桥台时）也可以依照惯例采用 0、1、2、3……的顺序。构件序号 D 考虑到多数人员的检测习惯还有我国道路右侧通行的特点，横桥向采用由右向左的编号顺序。

4.2.4 由不同结构形式组成的桥梁应根据结构形式划分为多座桥梁分别进行编号。对于双幅桥梁，如果上、下部结构完全分离，则宜分别进行编号和技术状况评定。如果上部结构分幅，下部结构是整体式的，可按一座桥梁进行统一编号和技术状况评定。

条文说明

在定期检查过程中，一座桥梁可能包括了多种结构形式，这种情况要根据结构形式划分为多座桥梁，分别进行编号，避免编号和进一步技术状况评定的混乱。

4.2.5 不同桥型现场检测过程中的构件编码规则及示例可参照表 A-1～表 A-6。

条文说明

为了便于现场检测人员理解和应用，依据本规程第 4.2.2～4.2.4 条，表 A-1～表 A-6分别给出了梁式桥、斜拉桥、悬索桥和拱桥的构件编码规则与示例，供理解和参考使用。

5 表观病害检测

5.1 一般规定

5.1.1 表观病害宜采用人工目视的方式进行检查，也可采用望远镜等辅助工具或其他图像采集装置进行检查。

条文说明

人工目视检查的辅助工具主要包括望远镜、刻度放大镜、比对卡、钢尺、卷尺、塞尺和测距装置等；图像采集装置主要包括摄像摄影设备、无人机、爬索机器人、水下机器人等各类专用的病害检测装置等。

5.1.2 初始检查、定期检查和特殊检查时，宜利用专用养护通道、桥检车等常规检测平台接近构件表面进行表观病害检测；对常规检测平台不易到达的区域，可采用图像采集装置等进行辅助检查。

条文说明

常规检测平台不易到达的区域一般包括高墩、塔柱、拉吊索、大跨拱桥拱圈和水下结构物等。

5.1.3 初始检查、定期检查和特殊检查时，表观病害宜进行逐构件全数现场检测。对影响结构安全性和耐久性的典型病害及需要进行维修处治的表观病害，应进行详细记录和拍照。

条文说明

开展拉索护套表观病害、水下基础表观病害等特殊检查时，需要按照检查内容和委托要求进行全数检查，如近期已有相关定期检查数据，可以在定期检查基础上进行补充检测。

5.1.4 表观病害照片信息宜包含尺寸标注或参照物，并能体现病害局部特征及病害在结构或构件上的位置和分布情况。

5.2 混凝土结构表观病害检测

5.2.1 混凝土结构表观病害检测对象宜包括蜂窝、麻面、剥落、掉角、空洞、孔洞、露筋、腐蚀、渗水、泛碱等。

条文说明

本条列出的表观病害类型未包括混凝土裂缝。裂缝是混凝土结构的典型病害，也是混凝土结构表观病害检查的重点内容。由于裂缝在混凝土表面和混凝土内部同时存在，兼具表观病害和内部损伤的双重属性，其检测、记录、评定存在一定的特殊性，故本规程将混凝土裂缝检测纳入第5.3节专门规定。

5.2.2 混凝土结构表观病害可按下列方法进行现场检测和记录：
1 用钢尺、卷尺或激光测距仪等测距装置量测病害的位置和范围。
2 标记病害范围，并标示出病害特征参数，常见表观病害现场记录参数和记录精度按表5.2.2的规定执行。
3 按本规程第5.1.3条和第5.1.4条的规定进行拍照。
4 按混凝土结构表观病害记录表（表B-1）进行现场记录。
5 按现行《公路桥梁技术状况评定标准》（JTG/T H21）评定病害标度。

表5.2.2 常见表观病害现场记录参数和记录精度

序号	表观病害	缺陷表征	参数	记录精度
1	蜂窝、剥落、掉角、空洞、孔洞	病害范围	长(L)×宽(W)	0.01m×0.01m
		累计面积	S_{sum}	0.01m²
		最大深度	D_{max}	0.01m
2	麻面、腐蚀、渗水、泛碱	病害范围	长(L)×宽(W)	0.01m×0.01m
		累计面积	S_{sum}	0.01m²
3	露筋、钢筋锈胀	病害范围	长(L)×宽(W)	0.01m×0.01m
		累计面积	S_{sum}	0.01m²
		最大长度	L_{max}	0.01m

5.2.3 混凝土表观病害的病害位置记录和病害特征描述可分别按表B-2和表B-3执行。

5.2.4 混凝土表观病害检测结果的分类、汇总和统计，可按表B-4执行。

5.3 混凝土裂缝检测

5.3.1 混凝土裂缝检测宜包括裂缝位置、分布、走向、宽度、深度和数量等内容。

条文说明

裂缝位置、分布、走向是判断裂缝性质的主要指标，裂缝宽度、深度和数量是判断裂缝严重程度的主要指标。

5.3.2 混凝土裂缝现场检测时，宜区分结构性裂缝和非结构性裂缝。

条文说明

结构性裂缝是由外荷载作用而产生的裂缝，典型的结构性裂缝包括弯曲裂缝、剪切裂缝和剪扭裂缝等；非结构性裂缝是由混凝土收缩、温度变化、钢筋锈胀等原因引起的裂缝，典型的非结构性裂缝包括收缩裂缝、温度裂缝和锈胀裂缝等。现场检测时，主要依据裂缝位置、分布、走向等指标来区分结构性裂缝和非结构性裂缝。

5.3.3 混凝土裂缝检查时，应重点测量影响结构安全的结构性裂缝和影响结构耐久性的典型非结构性裂缝，记录裂缝的位置、分布、走向、宽度和数量，并宜选择结构性裂缝进行深度测量。

条文说明

影响结构安全的结构性裂缝，主要是指分布在结构主要受力部位或主要承重构件上的具有受力活动性特征的结构性裂缝。影响结构耐久性的典型非结构性裂缝，主要是指开裂严重或使用条件恶劣，不及时处理将导致结构性能衰退并降低使用寿命的非结构性裂缝。裂缝深度测量选取的开裂严重裂缝，一般是指裂缝表口宽度较宽、长度较长的主裂缝。

5.3.4 混凝土裂缝检测应包括下列重点部位和构件：
1 主要承重构件和结构重要部位；
2 结构受力复杂和构造薄弱部位；
3 结构发生异常变形部位；
4 曾出现过结构性裂缝的构件或部位。

5.3.5 常见桥型的混凝土裂缝重点检测部位和典型裂缝特征可按表5.3.5确定。

表 5.3.5 常见桥型的混凝土裂缝重点检测部位和典型裂缝特征

桥型	重点检测部位	典型裂缝特征
简支梁桥	1. 主梁跨中区域	梁板底面横向裂缝，或延伸至侧面
	2. 梁端支座附近	自支座侧向跨中斜向上开展，与水平方向成30°~60°角
	3. 柱式墩台的盖梁	盖梁墩顶竖向裂缝，上宽下窄；靠桥墩斜向上发展斜向裂缝，与水平方向成30°~60°角
	4. 柱式桥墩，桥墩与盖梁（墩帽）连接处，墩底	环向裂缝；竖向裂缝
	5. 简支转连续支座位置上翼缘	上翼缘混凝土斜向开裂
连续梁桥	1. 主梁跨中区域	底面横向裂缝；腹板竖向裂缝
	2. 主拉应力较大的腹板区域（一般约为跨径1/4处及其附近）	顶面（铺装层）横向裂缝或梁侧上部裂缝；腹板斜裂缝
	3. 桥墩处梁体上部及其附近	腹板斜裂缝；沿预应力管道的纵向裂缝
刚构（T构）桥	1. 墩梁固结区段的梁顶板和腹板	腹板斜裂缝和竖向裂缝；顶板横向裂缝
	2. 主梁跨中区域	底面横向裂缝；腹板竖向裂缝
	3. 主拉应力较大的腹板区域（一般约为跨径1/4处及其附近）	顶面（铺装层）横向裂缝或梁侧上部裂缝；腹板斜裂缝
	4. T形刚构桥	牛腿裂缝
	5. 墩底（主墩与承台连接部位）	环向裂缝；竖向裂缝
拱桥	1. 主拱圈的拱板或拱肋	拱顶的下缘（拱腹）和拱脚的上缘（拱背）横向裂缝；拱肋横梁裂缝
	2. 拱上立柱（或立墙）上下端	立柱下端裂缝；立柱竖向裂缝
	3. 桁架拱桥的拱脚节点、桁架节点、桁架受拉腹杆、桁架拼装段	拱脚与台帽连接处开裂；拱脚处下弦杆及侧面环向开裂
	4. 刚架拱桥的拱脚、横梁	拱脚上缘及侧面环向开裂；横梁与拱片连接处裂缝
	5. 混凝土系杆拱	系杆裂缝
斜拉桥	1. 索塔	承台、塔身、塔柱竖向裂缝；塔-梁部位局部裂缝
	2. 拉索锚固区	局部裂缝
悬索桥	1. 索塔	主塔竖向裂缝
	2. 锚碇	局部裂缝

5.3.6 混凝土裂缝现场检测和记录方法宜符合下列规定：

1 接近构件表面，逐构件进行裂缝观测。

2 重点裂缝用记号笔在构件表面标记裂缝走向、起止位置、长度、宽度、测量位置和检测日期等。

3 一般裂缝可采用裂缝比对卡、裂缝显微镜进行观测并记录裂缝宽度，宽度较大或超限的重点裂缝采用裂缝测宽仪进行宽度检测。

4 参照表 B-1（文字描述裂缝相对位置）和表 B-5（相对坐标）进行裂缝病害记录。

5 对主要承重构件的结构性裂缝，宜绘制裂缝分布图，反映裂缝分布规律及与构件位置的对应关系，便于判断开裂原因。

6 按本规程第 5.1.3 条和第 5.1.4 条对裂缝进行拍照。

7 不同类型裂缝的记录参数、描述方法宜按表 B-3 执行。

条文说明

现场检测时需要在构件表面进行标记的重点裂缝是指影响结构安全的结构性裂缝和影响结构耐久性的典型非结构性裂缝。

5.3.7 对影响结构安全的结构性裂缝，应按表 B-6 进行连续观测和记录，重点检测裂缝参数的变化情况。

条文说明

结构性裂缝的发展变化情况，是结构受力性能变化的重要指征，因此，对影响结构安全的结构性裂缝进行定期跟踪观测是非常必要的。连续观测的内容包括裂缝长度、最大宽度和深度的变化情况，观测时要保证测量位置、测量方法和记录方式的一致性。根据连续观测裂缝检测参数的变化情况，确定下次观测的时间间隔。

5.3.8 裂缝深度测量可采用超声单面平测方法，参照《混凝土结构现场检测技术标准》（GB/T 50784—2013）附录 E 进行测量，必要时可钻取芯样进行确认。

条文说明

对超声测量结果有疑义，裂缝类型判定困难，或需对工程质量进行判定情况下，一般通过钻芯取样的方式对裂缝深度进行精确测量。芯样直径和深度，根据超声无损的检测情况，以对结构受力影响最小为原则确定。

5.3.9 混凝土裂缝检查数据的汇总统计宜按表 B-7 执行。

5.4 钢结构表观病害检测

5.4.1 钢结构表观病害检测对象宜包括涂层劣化、锈蚀、母材裂纹、焊缝裂纹、局部变形、铆钉和螺栓松动或脱落等。

5.4.2 常见钢结构表观病害重点检测部位，可按表5.4.2确定。

表 5.4.2　钢结构表观病害重点检测部位

钢结构类型	重点检测部位
钢箱梁	U肋与顶板的角焊缝；横隔板与U肋的T形焊缝；顶板、底板的对接焊缝；U肋嵌补段的对接焊缝
钢桁梁	工字形连接节点焊缝；箱型连接节点焊缝；节点板螺栓或铆钉；节点板变形
钢拱	钢管拱、钢箱拱对接焊缝；节段连接部位角焊缝；拱上立柱焊缝
钢塔	节段焊缝；螺栓

5.4.3 钢结构涂层劣化宜包括涂层表面变色、粉化、起泡、裂纹、剥落和锈迹等，可按下列方法检测和记录：

1 检测前查阅设计资料和以往检测报告等，明确涂层体系和设计参数，以及重点检测部位。

2 现场检测主要通过目测观察判断涂层劣化范围、程度和类型。

3 利用直尺或激光测距仪，测量劣化位置和劣化面积，参照桥梁表观病害检查记录表（表B-1）进行现场记录，并在结构表面用记号笔圈画出病害范围，并标示出缺陷面积等参数。

4 按本规程第5.1.3条和第5.1.4条的规定进行拍照。

5 根据检测要求，如需检测涂层剩余厚度，先用细砂纸磨掉劣化的涂层表层，再用涂层测厚仪检测涂层厚度。

条文说明

良好的涂层防护是钢结构保证设计寿命的有效措施，对钢桥进行涂层状况检查尤其重要。钢桥结构涂层的缺陷与病害问题一般分为下列两种情况：①环境因素造成涂层本身劣化；②涂层下面钢材本身出现病害而反映到涂层中。本条主要针对钢结构涂层本身的缺陷与病害。根据劣化程度涂层劣化类型可以分为：涂层表面变色、粉化、起泡、裂纹、剥落和生锈。涂层劣化的检测主要通过目测的方法进行。对于涂层漆膜较厚的情况，可以利用涂层测厚仪检测涂层剩余厚度，磁性、超声、涡流涂层测厚仪均可以使用，但其最小分辨率不能大于2μm。

5.4.4 钢结构锈蚀的现场检测，宜按下列方法检测和记录：

1 查阅设计资料和以往检测报告等，了解钢结构设计参数并确定重点检测部位。

2 现场检测主要通过目视观察判断钢结构锈蚀的位置和区域。

3 利用直尺或激光测距仪，测量锈蚀位置和劣化面积，参照桥梁表观病害检查记录表（表 B-1）进行现场记录；并在结构表面用记号笔圈画出锈蚀范围和锈蚀面积等。

4 锈蚀严重的情况下，采用超声测厚仪按本规程第 5.4.5 条测量锈蚀处钢板厚度的削弱程度。

5 按本规程第 5.1.3 条和第 5.1.4 条的规定进行拍照。

条文说明

钢材的锈蚀是造成钢桥使用寿命折减的重要因素，钢材的锈蚀检查主要通过目测的方法进行，并借助钢尺或激光测距仪等简单工具，测量钢材锈蚀面积。参照《涂覆涂料前钢材表面处理 表面清洁度的目视评定 第 1 部分：未涂覆过的钢材表面和全面清除原有涂层后的钢材表面的锈蚀等级和处理等级》（GB/T 8923.1—2011），针对锈蚀等级为 D 级（氧化皮已因锈蚀而剥落，并且在正常视力观察下可见普遍发生点蚀的钢材表面）的情况，采用超声测厚仪检测钢材的锈蚀深度。

5.4.5 采用超声测厚仪测量钢板厚度的削弱程度宜按下列步骤进行：

1 结构表面锈蚀处打磨至露出金属光泽。

2 预设声速，用标准试块校准，经校准后进行测试。

3 涂耦合剂进行第一次测量，探头转过 90°后做第二次测量，取两次的平均值作为厚度代表值，测量精度为 0.1mm。

4 在锈蚀位置附近取一完好部位，打磨掉涂层露出金属光泽的母材后，采用上述相同方法测量此位置处的钢板厚度，作为参考厚度。

5 参考厚度与锈蚀位置厚度对比后，得出钢板厚度的削弱程度。

5.4.6 钢结构焊缝裂纹的现场检测和记录方法宜按下列要求进行：

1 结合本规程第 5.4.2 条的重点检查部位，接近构件表面目测检查。

2 结合以往检测资料，重点检测已出现的裂纹的发展变化情况。

3 裂缝处漆膜如有明显痕迹或流锈，应洗除漆膜并辅以 2~6 倍的放大镜进行检查，肉眼判定困难情况下，可参照相关规程采用渗透或磁粉检测方法进行无损检测。

4 检测时对裂纹类型进行现场判断，对结构安全有重大影响的裂纹首先采用普通超声波检测。当深度较大时，采用超声时差衍射法（TOFD）或超声相控阵（PAUT）的技术手段对裂缝深度进行定量检测。

5 用记号笔在构件表面标记：裂缝走向、起止位置、长度、检测日期，并参照表 B-5 进行记录。

6 按本规程第 5.1.3 条和第 5.1.4 条的规定进行拍照。

条文说明

钢结构桥梁焊缝的裂纹检测，结合重点检测部位，辅以放大镜等简单工具进行目测检查，并注意现场照明情况。现场检测时，对以往检测报告已记录的重要裂纹的发展情况进行重点核查和检测。焊缝处漆膜有明显痕迹或流锈等裂纹指征时，去除漆膜进行目视检查。裂纹起止位置判断困难时，借助渗透检测或磁粉检测的技术手段进行检测。磁粉检测可以检测表面裂纹和表面开口裂纹；渗透检测只能检测表面开口裂纹，但操作简单。焊缝处漆膜有轻微裂纹痕迹时，用超声探伤仪进行扫查。对结构安全性有重大影响的裂纹（如可能引起构件断裂的裂纹），进一步采用超声时差衍射法（TOFD）或超声相控阵（PAUT）的技术手段对裂缝深度进行定量检测。

5.4.7 钢结构铆钉和螺栓的现场检测，宜按下列方法检测和记录：
1 查阅设计资料或以往检测报告等，确定重点检测部位。
2 现场检测时，首先贴近观察铆钉和螺栓是否有松动、漆膜开裂脱落现象。
3 进一步可采用锤击的方法检测铆钉和锚栓的断裂和松动。
4 记录脱落、断裂和松动的数量和位置，并用记号笔进行标记，参照表 B-1 进行记录。
5 按本规程第 5.1.3 条和第 5.1.4 条的规定进行拍照。

条文说明

本条给出了钢结构铆钉和螺栓的现场检测流程和方法。用锤击的方法检查螺栓或铆钉是否松动时，用手指紧按住螺母或铆钉头的一侧，尽量靠近垫圈或母材，用 0.3～0.5kg 的小锤敲击螺母或铆钉头相对的另一侧，如手指感到颤动较大时，说明是松动的。

5.5 缆索结构表观病害检测

5.5.1 缆索结构表观病害检测对象宜包括拉吊索护套、锚具、锚头、索鞍、锚碇等，表观病害现场检测部位与典型表观病害类型可按表 5.5.1 进行。

表 5.5.1 表观病害现场检测部位与典型表观病害类型（缆索结构）

检测部位	典型表观病害
拉（吊）索护套	裂缝；鼓包；刮伤；破损；磨损；老化变质；老化微裂缝；污垢；缠绕线损坏
拉（吊）索钢丝	涂层劣化；镀锌层氧化；破损；锈蚀；断丝
锚具	渗水；锈蚀；有锈水流出
锚头	锈蚀；开裂；镦头或夹片异常；锚头螺母位置异常
拉索钢护筒	钢护筒脱漆、锈蚀；钢护筒内积水；钢护筒与拉索密封不严；橡胶圈老化或严重磨损；橡胶圈固定装置损坏；阻尼器异常变形、松动、漏油等
主缆涂装	油漆褪色，失光，粉化，开裂，脱落；密封胶脆化，开裂，破损，分离鼓包；缠包带褪色，脏污，破损，霉变，开裂；接缝开胶，漏气；顶部防滑层脱落

续表 5.5.1

检测部位	典型表观病害
缠丝	渗水；缠丝损伤；缠丝锈蚀
索夹	螺栓缺失、损伤、松动；索夹面漆起皮脱落；裂缝及锈蚀；密封填料损坏；索夹滑移
主索鞍、散索鞍	卡死；辊轴歪斜；鞍座螺杆、锚栓松动；主缆和索鞍相对滑移
锚碇、主塔	裂缝；空洞；沉降；锚碇水平位移；渗漏水；积水；温湿度；除湿设备运行情况
索股锚杆	涂层劣化；锈蚀；裂纹
耳板	锈蚀

5.5.2 缆索结构的钢构件涂层劣化、锈蚀、裂纹和螺栓的检测，应按本规程第 5.4 节执行；混凝土索塔和锚碇的检测应按本规程第 5.2 节和第 5.3 节执行。

条文说明

斜拉桥拉索锚固区钢构件（钢锚箱、锚拉板等），悬索桥索夹、索鞍、和索股锚杆的表观病害检测，以及索夹螺栓的检测，按本规程第 5.4 节执行。

5.5.3 拉（吊）索护套的外观检测，宜采用爬索机器人进行全面检测；条件受限时，可通过目测、望远镜观测、红外温差仪观测、无人机搭载检测装置等方式进行初步检查。护套开裂、损伤严重部位，宜借助吊篮、支架进行进一步的详细靠近检查。

条文说明

通过对国内外诸多拉吊索桥梁的调研发现，拉吊索承载力下降的主要原因是防护体系破坏，致使水分进入其内部，导致拉吊索钢丝的锈蚀。大跨径斜拉桥斜拉索、悬索桥吊杆、拱桥吊杆的护套外观检查，条件允许时优先采用爬索机器人进行全面检测。条件受限时可通过望远镜、无人机等进行初步检查和总体判断，确定拉索外观病害的总体状况。对于发现的开裂、损伤等较严重部位，不贴近表面难以对病害进行准确的判断，一般通过吊篮、支架等接近拉（吊）索护套表面进行进一步详细检查。

5.5.4 采用爬索机器人对拉（吊）索进行外观检测时，宜按下列步骤进行：

1 首先检查爬索机器人是否能够正常工作。
2 根据拉索直径、护套防护材料类型安装机器，检测机器人能平顺沿拉索上下爬行，爬行时所有主动轮和从动轮与拉索接触良好，防止爬索机器人对拉（吊）索护套或缠绕线造成损伤。
3 安装完毕后，连接好电机电源线，检查遥控器能否准确地控制机器人的上下爬行；检查摄像头位置和焦距是否合适，视频是否清晰。

4 爬索机器人安装、检查完毕后，视频接收的电脑软件开始自动采集视频。

5 在机器人爬升过程中，时刻注意采集的视频，发现机器人卡住，停止机器人爬升。

6 机器人爬升到拉索塔端、拱肋或主缆附近时，及时停止爬升，以免机器人撞上塔身等结构。

7 在机器人下降到接近梁端时，及时停止下降，结束外观视频采集。

条文说明

爬索机器人取代人员高空检测作业目前已取得较好的应用效果，能够保证检测工作安全高效的开展。爬索机器人需要适用于不同直径的拉索，并可以跨越缠绕线、破损等障碍并不对缠绕线造成损伤，还能同步记录索号和每个病害的位置信息。

5.5.5 拉（吊）索上、下锚头宜进行近距离检查，封锚混凝土破损、开裂、渗水的混凝土锚头，应凿开封锚混凝土检查；锚罩有滴油、渗水等表观病害时，应打开锚罩，对锚头进行检查。检查完毕后应即时处理、安装锚罩并恢复封锚混凝土。

条文说明

拉（吊）索上锚头远离桥面不易靠近，不能因为高或隐蔽而不检查，需要专用设备和搭设支架。斜拉桥、部分拱桥上下锚头采用锚罩、锚箱防护，混凝土拱肋和部分钢管混凝土拱肋锚头采用混凝土封锚。对防水措施完好，上导管下端无渗水痕迹的封锚，可以不打开检查或少量抽检，对防水失效或上导管下端有渗水痕迹的封锚要打开检查。

5.5.6 检测发现拉（吊）索上锚头渗水、护套开裂或损伤较严重等现象，疑似有雨水或冷凝水进入时，应按本规程第6.6节进行内部锈蚀断丝无损检测。

条文说明

对上锚头渗水或护套已老化开裂或损伤的拉（吊）索，有水渗入的可能性很大，极易发生拉索锈蚀。

5.5.7 主缆防护系统可采用目测、高倍望远镜或爬缆机器人、无人机等沿主缆全长检查，重点检查散索鞍连接段、主缆鞍座进出口段、主缆跨中最低点及索夹两侧。发现防护系统损伤严重时，应在破坏处和主缆最低点打开缠丝，检查主缆钢丝锈蚀程度。

条文说明

悬索桥的主缆防护系统，借助目测、高倍望远镜或爬缆机器人、无人机等沿主缆全长检查。大跨径悬索桥主缆设有检查通道，有条件对重点部位进行人工靠近检查。主缆涂膜严重破坏或缠丝严重锈蚀或断裂时，报请主管部门同意后对主缆防护打开检查，检查时采取措施防止雨露及冷凝水进入，在复原时确保钢丝干燥。

5.6 圬工结构表观病害检测

5.6.1 除混凝土结构常见的表观病害外，圬工结构表观病害检测还宜包括灰缝松散脱落、砌块断裂与脱落、风化等。

条文说明

圬工结构分为砖石结构和混凝土结构，主要包括拱桥、墩台、涵洞、挡土墙、护墙和护坡等。圬工结构表观病害类型除了包括混凝土结构常见的表观病害外（不包括露筋和钢筋锈胀），还包括灰缝松散脱落、砌块断裂与脱落、风化等。

5.6.2 圬工混凝土结构的常见表观病害和检测方法应按本规程第5.2节和第5.3节执行。圬工混凝土结构的重点检查部位和典型病害特征见表5.6.2。

表5.6.2 圬工混凝土结构的重点检查部位和典型病害特征

结构形式	重点检测部位	主要病害特征
圬工拱桥	1. 拱圈	纵向裂缝，从拱脚处由下向上纵向裂缝，常伴有墩、台帽或帽梁纵向裂缝；横向裂缝，拱顶下缘（拱腹）横向裂缝，拱脚上缘（拱背）横向裂缝；主拱圈与拱上侧墙剥离
	2. 腹拱	腹拱开裂、腹拱拱脚位移等
墩台	1. 桥墩	缺损；倾斜；开裂
	2. 桥台	倾斜；缺损；开裂
基础	1. 承台	沉降；缺损；淘空
	2. 基础	淘空；桩身外露、侵蚀

条文说明

公路桥梁圬工混凝土结构的常见表观病害，如蜂窝与麻面、剥落与掉角、空洞与孔洞、露筋等，其检测方法按本规程第5.2节执行，混凝土结构裂缝的检测按本规程第5.3节执行。

5.6.3 公路桥梁圬工结构灰缝松散脱落类表观病害的现场检测和记录宜按下列方法进行：
1 剔凿掉松散的砖石灰缝。
2 用钢尺、卷尺或激光测距仪量测灰缝脱落的位置和长度，测量精度精确到1cm。
3 根据现场条件，用记号笔标记灰缝脱落位置和走向。

  4　参照表 B-1 对灰缝松散脱落表观病害进行现场记录。
  5　按本规程第 5.1.3 条和第 5.1.4 条规定进行拍照。
  6　灰缝松散脱落分布区域较大时，宜绘制缺陷分布图。

条文说明

  砌缝材料自身强度低，辅以汽车冲击力、雨水侵蚀或风化导致砌筑材料松散脱落，此类病害是公路桥梁砖石结构的常见表观病害，对结构受力和耐久性有较大影响。现场检测主要通过目视进行贴近检查，并用手锤剔凿掉松散的砖石灰缝，并记录病害发生位置和灰缝脱落长度。当缺陷分布范围较广，且灰缝松散脱落沿砖石结构呈折线分布，用文字记录描述不清，则通过缺陷分布图进行记录。

5.6.4　圬工结构砌块断裂与脱落类表观病害的现场检测和记录宜按下列方法进行：
  1　用钢尺、卷尺或激光测距仪测量砌块断裂与脱落的位置和分布范围，精确到 1cm。
  2　用记号笔标记砌块断裂与脱落范围，参照表 B-1 进行现场记录。
  3　按本规程第 5.1.3 条和第 5.1.4 条规定进行拍照。
  4　砌块断裂与脱落分布区域较大时，绘制缺陷分布图。

5.6.5　圬工结构风化表观病害的现场检测和记录宜按下列方法进行：
  1　剔凿掉砌体表面风化剥落层。
  2　用钢尺、卷尺或激光测距仪量测风化缺陷分布范围，精确到 1cm，参照表 B-1 进行现场记录。
  3　按本规程第 5.1.3 条和第 5.1.4 条的规定进行拍照。

6 内部病害检测

6.1 一般规定

6.1.1 内部病害检测项目宜包括混凝土结构内部病害检测、预应力管道注浆密实度检测、预应力锚头锈蚀检测、钢管混凝土填充密实度检测及钢结构焊缝内部病害检测等。

条文说明

本条规定了公路桥梁内部病害的主要检测项目,包括混凝土结构或构件内部病害检测,主要是指混凝土内部空洞、不密实、浇筑不均匀等。对于预应力混凝土桥梁,预应力管道注浆密实度是一项非常重要的检测内容,此外内部病害检测还包括预应力锚头锈蚀检测以及钢管混凝土填充密实度检测等。

6.2 混凝土结构内部病害检测

6.2.1 混凝土结构内部病害检测宜包括内部空洞、不密实、不良结合面等检测。

条文说明

本条规定了混凝土结构内部病害检测的主要内容。混凝土内部病害破坏了混凝土的连续性和完整性,局部或整体降低了混凝土的功能特性。包括由于混凝土浇筑质量差导致的不密实区域,混凝土内部形成的空洞区域,存在不良结合面,或在混凝土中夹杂有泥沙、杂物等。

6.2.2 混凝土内部病害可采用超声法、冲击回波法、层析扫描法(CT)和电磁波法(雷达法)等无损检测方法进行检测。敲击锤、内窥镜等辅助检测工具可配合无损检测方法使用。

6.2.3 混凝土结构内部病害的检测方法可按表6.2.3确定。

表 6.2.3 桥梁混凝土结构内部病害检测方法

序号	检测方法	测试方法	适用条件	影响因素
1	超声法	1. 双面 2. 钻孔	1. 墩柱 2. 板、梁 3. 大体积混凝土构件	1. 耦合状态 2. 钢筋影响 3. 水分
2	冲击回波法	单面	1. 墩柱 2. 板、梁 3. 大体积混凝土构件	1. 耦合状态 2. 构件厚度 3. 构件表面清洁程度
3	电磁波法 （雷达法）	1. 剖面法 2. 宽角法 3. 多天线法 4. 天线阵列法 5. 环形法	1. 墩、柱 2. 板、梁 3. 混凝土构件 4. 桥面板 5. 混凝土及其他非金属构件检测	1. 耦合状态 2. 多层钢筋影响 3. 水分 4. 波纹管材质 5. 钢筋直径间距与排布方式
4	层析扫描法 （CT）	双面	1. 桥墩 2. 群桩承台 3. 零号块 4. 大体积结构混凝土	1. 测试对象 2. 结构形式

6.2.4 超声法检测桥梁混凝土内部空洞、不密实、不良结合面等缺陷，可参照《混凝土结构现场检测技术标准》（GB/T 50784—2013）附录 D 执行。

6.2.5 冲击回波法检测混凝土内部病害，可参照现行《冲击回波法检测混凝土缺陷技术规程》（JGJ/T 411）的相关规定进行。

6.2.6 雷达法检测混凝土内部病害，可参照现行《雷达法检测混凝土结构技术标准》（JGJ/T 456）的相关规定进行。

6.2.7 对于判别困难与构造复杂的区域，可采用局部破损方法对无损检测结果进行验证。采用钻芯法时应符合下列规定：

1 钻芯取样位置要选择在受力较小的部位，避开主筋、预埋件、管线的位置，并便于安装钻芯机。
2 根据构件的特点与检测目的，选取合适的机具进行钻芯取样。
3 利用钢尺、游标卡尺、内窥镜等工具进行检测。
4 钻取的芯样应拍照记录，芯样记录表一般包括构件编号、芯样编号、测点位置、芯样尺寸、芯样描述、孔内状况和照片编号等。

条文说明

本条规定了采用破损检测（钻芯或剔凿）的适用条件，并对破损验证测点位置的选取，操作步骤，结果记录等方面进行了规定。钻芯法检测混凝土结构内部病害结果直观、可靠、准确，但费用较高、费时较长且对混凝土会造成损伤，因而不可能大量的钻芯取样，只能与其他无损检测方法配合使用，或是通过钻芯取样检测验证其他无损检测方法的检测结果。

6.3 预应力体系检测

6.3.1 体内预应力体系检测宜包括预应力管道注浆密实度检测和预应力锚头锈蚀检测。

条文说明

本条规定了体内预应力体系检测的主要内容。体外预应力体系外观质量与索力测试可以参考本规程拉索的检测内容、方法及相关要求进行。

6.3.2 预应力管道注浆密实度检测可采用下列方法和步骤进行：

1 依据设计、施工等资料，结合病害特征和现场条件，选择具有代表性的梁段，先确定拟检测预应力管道的基本位置。
2 采用雷达或超声等设备，对预应力管道进行现场定位，绘制被测预应力管道走向。
3 使用冲击回波法检测设备在注浆密实管道或无管道混凝土位置进行标定。
4 沿预应力管道采用冲击回波法进行注浆密实度的检测。
5 进行检测数据的分析和判定，确定缺陷位置和范围。
6 对于需要进一步验证和判定的区域，可开孔并采用内窥镜进行检测。钻孔时应避开构件内的普通钢筋，且不得损坏预应力钢筋。
7 采用内窥镜进行注浆质量的观测，并对缺陷端部、中部进行多角度拍照，全面反映注浆缺陷情况。

6.3.3 采用冲击回波法进行预应力管道注浆密实度检测应符合下列规定：

1 测试时要求测试对象表面平整，无缺陷、浮浆及其他杂物，以保证检测效果。
2 在标识的管道中心线上布置测点，测点间距宜为 10~20cm，传感器应安装在测点上，测试方向竖直时激振点宜在孔道中心线上，测试方向水平时激振点宜高于孔道中心线 1/4 孔道直径，激振点离传感器距离宜为被测对象厚度的 1/4。
3 排除管道上方有缺陷、混凝土与管道外壁黏结不良等情况。
4 采用冲击回波方法检测时应进行现场标定。标定时选择注浆密实的预应力管道或无预应力管道位置处的混凝土。标定时要求混凝土表面平整，测点布置和现场测试要求见本规程第 6.3.3 条。
5 标定之后，采用同样的方式对拟检测的预应力管道进行密实度检测。
6 如针对施工过程中的注浆密实度进行检测，检测前应保证注浆材料强度达到设计强度的 70% 以上。

7 仪器设备、数据处理、结果判定等应按现行《冲击回波法检测混凝土缺陷技术规程》（JGJ/T 411）的相关规定进行。

条文说明

本条规定了采用冲击回波法进行预应力管道注浆密实度检测的具体要求。其中对于底板、顶板等不平整结构，当测试效果不理想时，可采取打磨处理。采用冲击回波方法时现场标定的目的在于减小预应力管道的大小、混凝土板的截面形式（高宽比）、管道埋深、管道间距、预应力钢束放置情况及波纹管材质等因素等对检测结果产生的影响。现场标定时，在注浆密实孔道或无孔道混凝土位置，测试一条与密实度测试线长度和方向一致的测线，作为孔道密实度测试的判断基准。如对施工过程中的预应力管道压浆密实度进行检测，需在注浆材料强度达到设计强度的70%后进行检测。

6.3.4 预应力锚头内部情况检测时应按下列要求进行：
1 查看锚头周围是否存在裂缝、渗漏水、崩块等病害。
2 对封锚混凝土进行钻孔检测。
3 钻孔后，采用内窥镜探入锚头内部，对锚具及预应力筋锈蚀情况进行查看。
4 必要时可打开封锚混凝土，对整个锚头锈蚀情况进行进一步观察和检测。

6.4 钢管混凝土填充密实度检测

6.4.1 钢管混凝土填充密实度可采用人工敲击与超声波检测相结合的方法进行检测。

6.4.2 沿钢管周边选取等距离的若干点，从拱脚向拱顶方向，用木锤进行人工敲击检测，发现异常时应加大检测密度，用超声波进一步检测。

6.4.3 钢管混凝土超声波检测宜采用径向对测的方法，如图6.4.3所示。

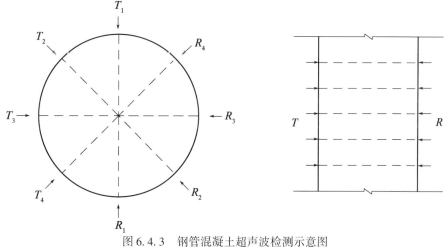

图6.4.3 钢管混凝土超声波检测示意图

6.4.4 超声波检测时应选择钢管与混凝土胶结良好、表面无锈蚀的部位布置测点。布置测点时可先测量钢管实际周长，再将圆周等分，在钢管测试部位画出若干根母线和等间距的环向线，线间距宜为 15～30cm。

6.4.5 超声波检测时可先做径向对测，在钢管混凝土每一环线上保持 T、R 换能器连线通过圆心，沿环向测试，逐点读取声时、波幅和主频。

6.4.6 当同一测位的测试数据离散性较大或数据较少时，可将怀疑部位的声速、波幅、主频与相同直径钢管混凝土的质量正常部位的声学参数相比较，综合分析判断所测部位的内部质量。

6.4.7 当超声波检测发现异常时，必要时应进行钻孔复检。

6.5 钢结构焊缝内部病害检测

6.5.1 钢结构焊缝内部病害无损检测宜采用超声波检测［包含超声相控阵（PAUT）和超声时差衍射法（TOFD）］，当超声波检测无法作出判读时，应采用射线检测（厚度小于 8mm 钢材的对接焊缝）。

6.5.2 钢结构焊缝内部病害检测仪器性能和操作应符合现行《焊缝无损检测 超声检测 技术、检测等级和评定》（GB/T 11345）或《焊缝无损检测 射线检测 第 1 部分：X 和伽玛射线的胶片技术》（GB/T 3323.1）的规定。

条文说明

钢结构桥梁焊缝检测结果，应根据缺陷种类、大小以检测报告的形式记录。如遇到超声波无法定量或无法检测的部位，应采用超声相控阵（PAUT）或超声时差衍射法（TOFD）进行补充检测。

6.6 索结构锈蚀断丝检测

6.6.1 索结构的内部锈蚀断丝宜采用磁致伸缩导波法进行检测。

条文说明

通过现有技术的综合比较，采用磁致伸缩导波法具有隐蔽区域远距离检测的优点，可以探明拉（吊）索全索范围，尤其是桥面以下下锚头附近区域索体的锈蚀断丝状况。磁致伸缩导波检测传感器包括激励线圈、检测线圈和提供偏置磁场的磁化器三个部分。

在进行检测时，首先向激励线圈通入大电流脉冲，产生交变磁场；激励线圈附近的铁磁材料由于磁致伸缩效应受到交变应力作用，从而激励出超声波脉冲；超声脉冲沿被检构件轴线传播时，不断在构件内部发生反射、折射和模式转换，经过复杂的干涉与叠加，最终形成稳定的导波模态。当构件内部存在缺陷时，导波将在缺陷处被反射返回；当反射回来的应力波通过检测线圈时，由于逆磁致伸缩效应会引起通过检测线圈的磁通量发生变化，检测线圈将磁通量变化转换为电压信号；通过测量检测线圈的感应电动势就可以间接测量反射回来的超声导波信号的时间和幅度，从而获取缺陷的位置和大小等信息。

6.6.2 采用磁致伸缩导波法进行索结构内部锈蚀断丝检测时，宜按下列步骤进行：

1 通过市政用电或设备电池等提供电源，检查设备情况并确保电源供电稳定，噪声对检测无影响。

2 将激励传感器和接收传感器安装在待测桥梁拉（吊）索上，记录传感器安装位置，再利用便携计算机控制信号发生单元产生激励信号。

3 检测信息通过信号采集端口进入数据采集单元，经其中的 A/D 转换器后进入计算机，经计算机处理后得到桥梁拉（吊）索检测数据及对应波速。

4 根据检测数据并结合对应波速初步判断分析桥梁拉（吊）索的损伤位置和损伤程度。

5 对存在异常的桥梁拉（吊）索，根据现场情况改变激励传感器和接收传感器安装位置，进行步骤 2 至步骤 4 的工作流程，进一步判断分析损伤位置和损伤程度。

6 数据保存整理。对有历史检测数据的桥梁拉（吊）索可通过历史数据对比进行进一步分析。

7 根据现场情况建议对可能存在损伤或有必要进一步验证的索体进行局部开窗检测，一般在拉吊索下端开窗检查，开窗部位检查后应采取有效措施封闭。

条文说明

无损检测信号存在异常时，可以在适当位置将拉（吊）索防护套管开窗，进一步检查索内潮湿、积水、钢丝锈蚀情况。根据拉（吊）索结构特点分析和对国内外诸多拉吊索桥梁的调研发现，拉吊索锈蚀断丝病害普遍呈现上轻下重的现象，因此一般在拉吊索下端进行开窗检查，开窗部位检查后要尽快采取有效措施封闭。

7 材质状况与耐久性参数检测

7.1 强度检测

7.1.1 桥梁结构混凝土抗压强度可采用回弹法、超声-回弹综合法和钻芯法等进行检测。

条文说明

回弹法、超声-回弹综合法、钻芯法可用来检测桥梁结构混凝土抗压强度，其中回弹法、超声-回弹综合法为间接的无损检测方法，钻芯法为直接检测方法。

7.1.2 因冻害、化学侵蚀、火灾、高温等已造成表面疏松、剥落的混凝土构件，不宜采用回弹法、超声-回弹综合法来进行混凝土强度测定。

7.1.3 采用回弹法进行混凝土抗压强度推定时，被检测混凝土的表层质量应具有代表性，混凝土的抗压强度和龄期不应超过相应技术规程限定的范围。

条文说明

采用回弹法进行混凝土抗压强度推定时，混凝土龄期需在 14～1 000d 的范围内，混凝土强度需在 10～60MPa 的范围内。

7.1.4 采用超声-回弹综合法检测时，被检测混凝土的内外质量应无明显差异。采用超声-回弹综合法进行混凝土抗压强度检测时，混凝土的抗压强度和龄期不应超过相应技术规程限定的范围。

条文说明

采用超声-回弹综合法进行混凝土抗压强度推定时，混凝土龄期需在 7～2 000d 的范围内，混凝土强度需在 10～70MPa 的范围内。

7.1.5 采用回弹法、超声-回弹综合法检测桥梁混凝土抗压强度时，可按《混凝土结构现场检测技术标准》（GB/T 50784—2013）附录 A 执行。

7.1.6 当对回弹法、超声-回弹综合法等检测结果有疑义时，可采用钻芯法对检测结果进行修正或验证。

7.1.7 采用钻芯法对回弹法、超声-回弹综合法进行修正时，可按《混凝土结构现场检测技术标准》（GB/T 50784—2013）附录 C 执行。

7.1.8 石材强度可采用钻芯法检测，操作宜符合下列规定：
1 芯样试件的直径为 70mm，高径比为 1.0±0.05。
2 每组试件共 6 个。芯样的端面应磨平，加工质量宜符合相关规程的要求。
3 按相关规程测试芯样试件的抗压强度。
4 将芯样试件抗压强度，乘以 1.15 的修正系数，换算为 70mm 立方体试块抗压强度。

条文说明

芯样抗压强度的测试，可以参照现行《公路工程岩石试验规程》（JTG E41）中的 T 0221。钻芯法直接测试石材的抗压强度，要将直径 70mm 芯样试件抗压强度换算为 70mm 立方体试块抗压强度。根据现有研究和对比结果，70mm 立方体试块的抗压强度比直径 70mm 芯样试件的抗压强度要高，本规程根据已有试验资料，取修正系数为 1.15。

7.1.9 钢材抗拉强度可采用表面硬度法进行推断，该方法仅适用于估算其抗拉强度的范围，其操作步骤应符合下列规定：
1 构件测试部位应进行打磨处理，除去表面锈斑、油漆，露出金属光泽。
2 应按所用仪器的操作要求测定钢材表面的硬度。
3 在测试时，构件及测试面不得有明显的颤动。
4 应按现行《黑色金属硬度及强度换算值》（GB/T 1172）等标准的规定确定钢材的换算抗拉强度。
5 应用表面硬度法检测钢结构钢材抗拉强度时，应有取样检验钢材抗拉强度的验证。取样和试验方法应按相关标准进行。

7.2 钢筋配置检测

7.2.1 混凝土中钢筋配置检测宜包括钢筋保护层厚度、数量和间距等。

7.2.2 钢筋保护层厚度应重点检测下列部位：
1 主要构件或主要受力部位。
2 钢筋可能锈蚀活化的部位。

3 发生钢筋锈蚀胀裂的部位。
4 布置混凝土碳化测区的部位。
5 出现顺筋裂缝的部位。

7.2.3 根据桥梁结构类型和检测评定目标，确定桥梁钢筋保护层厚度测区布置，测区或测点数量可参照现行《公路桥梁承载能力检测评定规程》（JTG/T J21）的要求进行确定。

7.2.4 混凝土保护层厚度宜采用钢筋探测仪进行检测，现场检测时可采用下列方法进行：
1 设定钢筋探测仪量程范围及钢筋公称直径，沿被测钢筋轴线选择相邻钢筋影响较小的位置，并避开钢筋接头和绑丝。在同一位置检测2次，经修正后取2个检测值的平均值。
2 当同一位置读取的2个检测值相差大于1mm时，数据无效，查明原因后需重新检测。

7.2.5 钢筋数量、间距等可采用电磁感应法进行检测，并应符合现行《混凝土中钢筋检测技术标准》（JGJ/T 152）的有关规定。

条文说明

测试部位要避开其他金属材料和较强的铁磁性材料，表面要清洁、平整；将测试面所有主筋逐一检出，并在构件表面标注出每个检出钢筋的相对位置，同时进行测量和记录。

7.3 钢筋锈蚀状况检测

7.3.1 钢筋锈蚀状况检测宜采用半电池电位法，必要时可采用剔凿检测方法进行验证与综合分析判断。

7.3.2 针对不同的桥梁结构类型和检测评定目标，确定混凝土中钢筋锈蚀状况的重点检测部位和测区布置，测区或测点数量可按现行《公路桥梁承载能力检测评定规程》（JTG/T J21）要求进行确定。

7.3.3 半电池电位法测试结果的数据处理应符合下列规定：
1 应采用人工绘制或仪器自动输出测区的钢筋锈蚀电位平面布置图，得到数据阵列。
2 应采用人工绘制或仪器自动输出测区的钢筋锈蚀电位等值线图，等值线差值宜根据测区测点数进行确定，一般为 100mV。钢筋锈蚀状况的半电池电位法检测的其他要求可参照现行《混凝土中钢筋检测技术标准》（JGJ/T 152）的有关规定执行。

7.4 碳化状况检测

7.4.1 应针对不同的桥梁结构类型和检测评定目标，确定混凝土碳化状况的重点检测部位。

7.4.2 混凝土碳化深度值现场检测宜按下列步骤和规定进行：
　1　在混凝土表面布置测孔，可采用适当的工具在测区表面形成直径约 15mm 的孔洞，也可根据预估的碳化深度选择测孔直径，其深度应大于混凝土的碳化深度。
　2　孔洞中的粉末和碎屑应除净并不得用水擦。
　3　应采用浓度为 1%～2% 的酚酞酒精溶液喷洒在孔洞内壁的边缘处，滴在孔洞内的酚酞试液量应使表面均匀湿润但不流淌。
　4　当已碳化与未碳化界线清楚时，再用深度测量工具测量已碳化与未碳化混凝土交界面到混凝土表面的垂直距离，测量不应少于 3 次，每次读数精确至 0.25mm，取其平均值，精确至 0.5mm。

7.5 氯离子含量检测

7.5.1 对桥梁结构构件钢筋锈蚀电位评定标度值为 3、4、5 的主要构件或主要受力部位，应布置测区测定混凝土中氯离子含量及其分布。每一被测构件测区数量不应少于 3 个。

7.5.2 混凝土的氯离子含量，可采用在结构构件上钻取不同深度的混凝土粉末样品的方法，通过化学分析进行测定。

7.5.3 混凝土的氯离子含量化学分析测定方法应符合现行《建筑结构检测技术标准》（GB/T 50344）的有关规定。

7.6 电阻率检测

7.6.1 钢筋锈蚀电位评定标度值为 3、4、5 的主要构件或主要受力部位，应进行混凝土电阻率测量。被测构件或部位的测区数量不宜少于 30 个。

7.6.2 混凝土电阻率宜采用四电极法检测，现场测量时应符合下列规定：
　1　测区与测位布置可参照钢筋锈蚀电位测量的要求，在电位测量网格间进行，并做好编号。

    2　混凝土表面应清洁、无尘、无油脂，必要时可去掉表面碳化层。

    3　电极前端应涂耦合剂，电极的间距宜为 50mm。

    4　测量探头应垂直混凝土表面，测量时应施加适当的压力。

8 结构尺寸与几何形态检测

8.1 一般规定

8.1.1 桥梁结构尺寸与几何形态检测宜包括桥梁长度、宽度、构件与断面尺寸、高程线形与挠度观测、主拱圈变形及拱脚位移、悬索桥主缆线形、主塔倾斜变形、高墩垂直度等检测项目。

8.1.2 对于大跨度连续梁（刚构）桥、拱桥、斜拉桥和悬索桥等，应设置用于结构几何状态长期跟踪的永久观测点，应设而未设置永久观测点的桥梁，应按规定进行补设。

8.1.3 高程（拱轴）线形和挠度检测时，宜在封闭交通的情况下进行，无法进行封闭的，应选择在交通流量小、干扰小或温度变化较小的时段进行。

8.2 桥梁总体、构件与断面尺寸

8.2.1 桥梁几何尺寸检测宜包括桥梁长度、宽度与截面尺寸检测等，可采用钢尺、钢卷尺、激光测距仪等测量工具进行测量。

8.2.2 桥梁长度、跨径宜按桥跨结构中心线和行车道上、下游边缘线 3 条线进行测量。在无法封闭交通或车流量较大的情况下，测量工作可在行车道外边缘进行。

8.2.3 桥梁宽度可沿桥纵向分断面进行测量，测量断面每跨不宜少于 3 个。

8.2.4 桥梁底板、腹板厚度等可通过通风孔等预留孔道进行测量，无直接量测条件的可采用冲击回波法等其他无损检测方法进行检测。

8.3 桥面高程线形与挠度检测

8.3.1 应按现行《工程测量标准》（GB 50026）采用水准仪或全站仪测量桥梁高程及线形。

8.3.2 桥面高程线形和挠度的连续观测应保证观测点与基准点的稳定性。

8.3.3 在保证测量数据稳定、准确的前提下，可采用智能化传感器进行实时测量。

8.4 主拱圈变形及拱脚位移

8.4.1 拱桥线形和变位测量宜包括主拱圈变形、拱脚位移、桥面线形和主拱圈拱轴线线形等。

8.4.2 对连续观测的桥梁，宜建立可靠的高程基准和平面位移基准。

8.4.3 在用拱桥主拱圈拱轴线线形测量可采用全站仪的免棱镜模式进行测量。宜将全站仪架设于主拱圈的侧面，以拱脚为起点，沿桥跨方向一定间距测量拱圈上下缘点的坐标，直至对岸拱脚。在接近拱顶位置时宜适当地加密测点。

8.4.4 跨径较大的拱桥，由于车辆荷载作用会产生振动，拱轴线线形测量时应避开，同时通过增加测回数、同一测点两岸分别测量取平均值、测量上下游拱圈取平均值等措施减小测量误差。

8.5 主缆线形、塔顶变位等

8.5.1 主缆线形测量时，宜在交通量小、弱风、温度变化不大的条件下进行，且宜对测量结果进行温度修正。

8.5.2 墩、台顶的水平变位，宜采用悬挂垂球方法、极坐标或其他可靠方法进行测量。

8.5.3 主塔塔顶的变位观测，可采用全站仪按三角高程或极坐标观测法做四测回观测。

8.6 高墩垂直度检测

8.6.1 高墩垂直度检测，应根据桥梁地形、通视条件以及桥墩的构造特点等进行方法的选取与测点的布置。可采用全站仪，或激光垂准仪和全站仪相结合的方法进行测设。

条文说明

激光垂准仪对空气中的湿度较为敏感,应避免在雨后及雾天采用激光垂准仪进行测量。

8.6.2 高墩垂直度检测宜选择相对稳定的时间和气候条件进行测量,可选择在日照强度较低、无风或微风时进行。

9 其他检测

9.1 支座检测

9.1.1 支座病害检测前,应查阅支座设计与安装图纸、以往检测报告和维修更换记录。

条文说明

通过查阅支座设计与安装图纸,便于检测人员在现场检测过程中发现常见的桥梁支座安装缺陷,如支座临时连接板未拆除、活动支座主位移方向安装不正确以及支座安装位置不准确等。通过查阅以往检测报告和维修更换记录,便于检测人员选择需进行重点检测的支座并对支座病害发展情况作出分析判断。

9.1.2 初始检查、定期检查和特殊检查时,宜对全桥范围内的支座进行全数检测,并应对大位移活动支座、弯坡斜桥上的板式橡胶支座进行重点检测。

条文说明

桥梁支座作为传递桥梁上部结构荷载和变形的重要结构部件,在桥梁现场检测过程中宜进行全数检测。对以往检测资料中病害较为严重的支座,主要检测支座病害发展情况;对大位移活动支座,主要检测支座水平位移功能是否正常,有无位移超限引起支座卡死和不能正常复位等情况;对弯斜桥上的板式橡胶支座,主要检测有无支座脱空或挤压。对坡桥上的板式橡胶支座,主要检测支座有无剪切变形超限和移位。

9.1.3 常见支座典型病害类型可按表9.1.3确定。

表9.1.3 常见支座典型病害类型

支座类型	典型病害类型
板式橡胶支座	橡胶保护层开裂、劣化、外鼓;剪切变形超限;移位;脱空
盆式（或球型）支座	竖向压缩超限;局部偏压、转角超限;钢组件损坏、锈蚀;安装缺陷
钢支座	钢支座组件或功能缺陷;钢支座位移或转角超限;钢支座部件磨损、裂纹、锈蚀;锚栓剪断

续表 9.1.3

支 座 类 型	典型病害类型
隔震橡胶支座	橡胶开裂、劣化；脱空；剪切变形超限
混凝土摆式支座	混凝土脱皮、露筋、裂纹、剥离、掉角、酥裂、压碎；活动支座滑动面不平整、生锈咬死、轴承有裂纹、切口或偏移
横向支座和竖向支座	螺纹、螺帽松动或锚栓杆剪切；上下座板（盆）锈蚀；纵横向扭转

条文说明

20世纪60年代之前，国内使用的桥梁支座几乎全部都是钢支座。从20世纪60年代初开始，盆式支座与板式橡胶支座逐渐成为国内最主要的桥梁支座形式。此后，我国在20世纪80年代末研制出球型支座。目前新建的公路桥梁，几乎都在使用板式橡胶支座、盆式支座与球型支座。随着我国桥梁支座设计加工水平的提高，目前已出现一些可解决特殊用途的支座，如拉压支座、隔震橡胶支座以及摩擦摆支座等。根据目前国内桥梁支座使用现状和实际情况，表9.1.3只列出了国内早期和目前广泛采用的支座类型，以及部分目前使用较多的特殊支座类型。

9.1.4 板式橡胶支座现场检测宜按下列步骤和方法进行：

1 查阅支座设计与安装图纸、以往检测资料和养护更换记录。

2 对照支座安装图纸检查支座是否有漏放，支座安装方向、支座形式是否有误，临时固定设施是否拆除，支座是否出现移位等。

3 目测检查支座有无龟裂裂纹、水平裂缝、钢板外露，支座各层加劲钢板之间的橡胶板是否有不均匀鼓凸等；对滑板橡胶支座，检查支座滑板是否完好，支座位移是否超出了支座顶面的不锈钢板。

4 采用钢直尺测量支座移位长度、钢板外露长度、支座不均匀外鼓长度等，记录精确到1mm。

5 通过目测支座顶面是否透光来检查支座是否存在脱空，可用钢尺测量脱空长宽估算脱空面积，用塞尺测量支座脱空间隙。

6 先采用钢尺分别测量支座顶面水平位移和支座竖向高度，再换算为支座剪切变形角度，或使用角度尺进行量测，检查剪切角是否大于35°。支座顶面水平位移和支座竖向高度均精确到1mm，剪切变形角度精确到1°。支座现场检查记录可按表C-1执行。

条文说明

板式橡胶支座目前在国内中小跨径的钢筋混凝土桥梁、预应力混凝土桥梁及钢桥上应用极为广泛。随着板式橡胶支座应用数量的增加，由于支座选型或安装不当、使用环境较差、支座本身质量问题等原因引起的支座病害也较为常见。板式橡胶支座现场安装正确与否会关系到板式橡胶支座位移功能的实现。矩形支座短边应沿顺桥方向放置，以利于梁端转动。圆形支座各向同性，安装时无须考虑方向性。在斜桥上安装，若采用相同斜交角的平行四边形的斜角橡胶支座时，支座短边要平行于顺桥向，长边要平行于墩台中心线。顺桥向与墩台中心线的斜交夹角应与支座的锐角相符。任何情况下，在同一片梁（板）上任一端支撑处，横向通常不设置两个支座以上，且支座不能沿梁纵向并排安装。

板式橡胶支座中的橡胶层受到大气中氧气、臭氧、紫外线作用及外力等影响，会出现橡胶老化。橡胶老化通常从支座橡胶保护层出现开裂、变硬等老化现象开始，然后缓慢地向内部发展造成裂纹。

通常，板式橡胶支座在竖向力作用下，钢板之间的橡胶向外产生均匀的凸起，这是正常现象。当橡胶与支座加劲钢板之间黏结不良时，在竖向力作用下就发生钢板与橡胶的脱离，进而引起板式橡胶支座侧表面不均匀的鼓凸、支座表面出现裂纹以及中间钢板外露。

板式橡胶支座的脱空可以分为局部脱空和全脱空。板式橡胶支座与梁底面或支承垫石顶面有部分不密贴，称为局部脱空；当板式橡胶支座与梁底面完全脱离时，称为全脱空。板式橡胶支座全脱空在预制混凝土板梁桥中是较常见，主要是由于预制混凝土板一端的两个支座支承垫石顶面高程相差较大，或预制混凝土板在支座安装部位的板底面不平造成的。对曲线箱梁，特别是独柱墩的预应力混凝土曲线箱梁，很容易产生由于曲线箱梁的整体位移、转动而引起支座脱空。

9.1.5 盆式（或球型）支座现场检测宜按下列步骤和方法进行：

1 查阅支座设计与安装图纸、以往检测资料和养护更换记录。

2 对照支座安装图纸检查支座安装方向是否有误，支座临时连接板是否解除等。

3 对于要求设置防尘罩的支座，目测检查支座防尘罩是否完好。进行支座现场检测时，可打开或取下防尘罩。检测完毕后，需重新安装防尘罩并恢复原状。

4 目测检查梁体横桥向位移有无超限。如梁体横向位移过大，应检查支座是否破坏、锚固螺栓是否剪断以及防震挡块是否有开裂破损。

5 目测检查盆式支座钢盆有无表面裂纹、翘起变形、锈蚀；承压橡胶板一侧是否从钢盆中挤出；对于钢盆由盆环钢板和盆底焊接制成的应检查有无钢件脱焊。

6 对盆式（或球型）支座的转角，可采用卷尺测量支座上支座板顶面、下支座板底面之间的最大和最小间隙以及支座上支座板长度来求得。

7 目测检查盆式（或球型）活动支座的水平位移功能是否正常，有无卡死，支座平面滑板有无滑出平面不锈钢板范围。

8 对平面滑板的磨损程度可通过测量支座上支座板不锈钢板与盆式支座中间钢板或与球型支座球冠衬板上缘端面之间的间隙进行。

9 通过目测结合锤击检查支座锚固螺栓是否有松动、倾斜、顶死、顶弯以及锚固螺栓孔是否注浆。

10 对于球型支座，应目测检查中间钢衬板有无滑出下支座板凹槽后不能复位的情况。公路桥梁盆式（或球型）支座检查记录可按表C-2执行。

条文说明

滑板的磨损程度直接影响盆式（或球型）支座的使用寿命。对大吨位和大位移盆式（或球型）支座，要注意检查平面滑板的磨耗程度，可以根据上支座板的不锈钢板与盆式支座中间钢板或与球型支座球冠衬板上缘端面之间的间隙 h_0 来判断平面滑板磨耗程度：

当 $h_0 \geq 3mm$ 时，支座正常；

当 $2mm \leq h_0 < 3mm$ 时，应每年测量间隙变化；

当 $1mm \leq h_0 < 2mm$ 时，应缩短检查期限；

当 $h_0 < 1mm$ 时，应更换支座。

9.1.6 对水平位移较大的盆式（或球型）支座，应对支座位移量和支座位移功能进行连续观测。

条文说明

对于多跨长联连续梁上的活动支座等水平位移较大的盆式（或球型）支座，支座安装缺陷、滑板污损、不锈钢板锈蚀、平面滑板位移超出上支座板不锈钢板范围等可能会引起支座卡死和损坏，应对支座位移情况进行连续观测。现场检测时，可以用钢卷尺测量支座顶板纵向长度中心线与支座下支座板纵向长度中心线水平间距 L_0，通过对比历次检测资料中水平间距 L_0，可以了解支座位移情况是否正常。对于多跨长联连续梁梁端活动支座，可以通过检查梁端支点处的梁端与梁端、梁端与台背间的间隙变化来掌握支座位移情况。

9.1.7 除应对桥梁支座本身进行检测外，尚应对支座垫石及支座使用环境进行检测。

条文说明

对桥梁支座垫石，需要检查是否存在垫石不平整、垫石是否开裂、钢垫板面积是否小于支座承压板面积、钢垫板与支座承压面是否错位等现象。垫石不平整度高差可采用水平尺测量。对支座使用环境，需要目测检查支座周边废弃混凝土或垃圾堆积范围、是否潮湿积水等。

9.2 桥梁伸缩装置检测

9.2.1 常见桥梁伸缩装置典型病害类型可按表9.2.1确定。

表 9.2.1 常见桥梁伸缩装置典型病害类型

伸缩装置类型	典型病害类型
单缝式型钢伸缩装置	橡胶密封带老化、脱落、破裂、漏水，积存泥沙、石屑；边梁构件断裂、翘曲；边梁与桥面铺装连接处的锚固区混凝土开裂、破碎；伸缩装置顶面不平整、钢组件变形、松动、锈蚀
模数式伸缩装置	锚固混凝土出现破裂、裂缝、坑槽；中梁构件开焊、断裂、翘曲、晃动、异响；中梁局部变形弯曲下挠；型钢表面凹凸不平，伸缩均匀性差，位移控制系统失灵；橡胶密封带老化、脱落或破裂，严重漏水；橡胶密封带内垃圾堆积过度
梳齿板式伸缩装置	转动座、螺栓和螺母松动、损坏；梳齿间有污渍、水泥浆、锈渍等；齿板表面涂层损坏、污渍、油漆剥落、裂开
嵌填型（U形镀锌铁皮型等）	伸缩装置缝隙中填料挤出；伸缩装置拉开断裂、漏水
嵌固对接型（橡胶条型）	热天鼓起、冬天脱落，锚固件破坏和两侧混凝土破碎
板式橡胶伸缩装置	橡胶板剥离；预埋钢板外漏、脱落、断裂；盲螺栓剪断脱离；两侧混凝土开裂破碎，出现坑槽

9.2.2 模数式伸缩装置现场检测宜按下列步骤和方法进行：

1 查阅伸缩装置以往检测资料和养护维修资料。

2 目测检查伸缩装置钢纵梁连接焊缝有无脱开、局部断裂和下凹现象。行车通过时是否有晃动、发出噪声。

3 目测检查伸缩装置橡胶密封带是否脱落出来或翻跳在装置之外，橡胶密封带是否破漏，伸缩装置处的桥面是否有挤压现象。

4 目测检查伸缩装置两侧锚固区混凝土开裂情况，并用钢尺测量主要裂缝长度。

5 模数式伸缩装置纵梁高差可采用水准仪测量。可选择模数式伸缩装置纵梁四分点位置，用水准仪测出四分点位置纵梁高差，取 3 个四分点位置高差最大值即为纵梁高差。

6 采用钢尺或游标卡尺测量纵梁间隙宽度是否均匀。模数式伸缩装置现场检查记录可按表 D-1 执行。

9.2.3 梳齿板式伸缩装置现场检测宜按下列步骤和方法进行：

1 查阅伸缩装置以往检测资料和养护维修资料。

2 目测检查伸缩装置两侧锚固区混凝土开裂情况，并用钢尺测量主要裂缝宽度和长度。

3 目测检查锚固螺栓是否锈蚀严重、损坏、脱落，可用扳手检测锚固螺栓是否有松动。

4 目测检查梳齿板有无变形或翘起、凹凸不平、卡齿、齿板断裂和整块脱落。

5 目测检查橡胶导水装置内是否积存异物。梳齿板式伸缩装置现场检查记录可按表 D-2 执行。

9.2.4 其他类型的伸缩装置的现场检测步骤和方法可参照本规程第 9.2.2 条和第 9.2.3 条执行，现场重点检测的病害类型可按本规程表 9.2.1 执行。

9.3 墩（台）身与基础检测

9.3.1 墩（台）身与基础检测宜包括表观病害检测、冲刷检测、变位检测、完整性检测和材质状况检测等。

9.3.2 墩（台）身和基础的表观病害和冲刷检测，应符合下列规定：
1 水位变化水域，对桩基础和承台结合处、桩和墩柱结合处的桩身部位应进行重点检测。
2 桩基础表观病害检测采用人工目视检测和水下自动化检测技术相结合的方式进行。
3 桩身混凝土表观病害检测和记录参照本规程第 5.2 节和第 5.3 节进行。
4 检查基础冲刷深度和基底掏空范围，记录基础冲空面积和累计冲蚀面积及占构件面积的比例。

条文说明

人工目视检测一般只能大概估计缺陷的尺寸和范围。对处于深水区的桥梁桩基础，由于有些区域水流湍急，气候环境恶劣，人工检测很难进行，采用自动化设备（如水下机器人、水下声呐等）来进行水下基础检测是目前比较好的解决手段。采用水下目视检测法时，随着深度增加采用色谱照明灯具、高压钠灯等进行照明，以观测和记录桩基础表面的缺损状态，为是否需做进一步的检测提供依据。

9.3.3 存在下列情况的在用桥梁基础应进行变位检测：
1 相邻墩台顶部沉降差超过现行《公路桥涵养护规范》（JTG 5120）或现行《公路桥涵地基与基础设计规范》（JTG 3363）的限值。
2 基础周边土体存在深度大于 2m 的开挖或高度大于 3m 的堆填。
3 冲刷深度超过设计值的基础。

条文说明

桥梁现场检测中如发现支座和墩台支承面损坏，或伸缩装置破坏、接缝减小、伸缩机能受损或丧失等现象时，需检测基础是否有滑移和倾斜。当发现桥梁上部结构和桥面系变形过大时，需检测基础是否沉降严重，判断沉降量是否大于规范值。

9.3.4 当墩（台）身和基础出现过大变位，或出现其他病害，经分析认为可导致墩（台）身和基础完整性出现异常时，应开展完整性检测。

9.3.5 墩（台）身和基础的完整性检测应符合下列规定：
1 完整性检测应结合墩（台）身和基础的构造形式和现场条件进行。对于浅基础和深埋基础的浅埋部分，可采用局部开挖等方法进行；对于桩基础，可采用反射波法、旁孔透射波法或旁孔雷达法、钻孔取芯法等方法进行。
2 采用低应变法检测桩身完整性时，宜优先采用双通道或多通道反射波法。
3 需要采用其他方法检测时，应先论证后采用。

条文说明

现场实施桩基础完整性检测时，以反射波法为主进行普查，对普查存在疑问或发现严重信号异常的桩基，采用旁孔透射波法或旁孔雷达法等方法进行验证。有条件和必要时，进一步采用钻孔取芯法进行检测或验证。

9.3.6 墩（台）身与基础的材质状况与耐久性参数检测宜按本规程第 7 章的方法进行。

9.4 桥面铺装与附属设施检测

9.4.1 桥面铺装表观病害检测，应符合下列规定：
1 对桥面裂缝可通过目视检测，记录开裂的位置和范围，记录裂缝的走向，通过钢尺测量裂缝的长度、宽度，并拍摄照片进行说明。
2 当铺装层裂缝或坑洞过大时，宜对铺装层以下的结构进行检测。
3 桥面铺装层产生波浪状凹凸时，宜采用钢直尺测量其高差。

9.4.2 桥面铺装层厚度可采用分断面布点钻芯量测，也可采用雷达结合钻芯修正的方法测定。

条文说明

采用分断面布点钻芯测量时，量测断面通常布置在跨径四分点位置，每断面通常布置 3 个钻孔测点，分设在车行道桥跨结构中心线和上、下游边缘处。采用雷达结合钻芯修正检测方法测量时，测线可以选择在跨径四分点位置，从上游边缘至下游边缘进行测量。

9.4.3 混凝土栏杆及护栏表观病害检测，应符合下列规定：

1 对栏杆扶手的涂装层及混凝土缺损，通过目视进行检测，记录缺损的位置、程度。

2 记录钢筋混凝土栏杆老化范围、程度、露筋情况。

3 检查混凝土内钢筋锈胀、栏杆混凝土脱落情况。

4 栏杆及护栏遭受碰撞后修补情况，锚栓脱落后的修补情况。

9.4.4 桥面排水系统表观病害检测，应符合下列规定：

1 泄水管发生堵塞、严重的锈蚀、开裂和断裂时，应检测并记录缺陷位置及严重程度。

2 分幅桥中间搭板与桥面之间密闭不严或有孔洞发生漏水时，应检测和记录漏水范围和程度。

3 翼缘板渗水时，应检测桥面板及防水层破坏情况。

9.5 索力检测

9.5.1 在用桥梁索结构的索力宜采用振动频率法进行现场检测。

条文说明

索结构的索力与索的振动频率存在一定的对应关系，当已知索的长度、质量分布及抗弯刚度时，可以通过索的振动频率计算索的拉力。

9.5.2 采用振动频率法进行索力检测时，应按下列步骤进行：

1 查阅设计资料和以往检测报告等，掌握索结构的实测频率和索力换算值。

2 在索结构上附着高灵敏度的加速度传感器，拾取索结构的振动信号，测定索的振动频率。传感器宜安装在远离锚固端的位置。

3 采样频率应大于或等于索股第 5 阶自振频率的 5 倍，且不宜低于 100Hz。

4 根据索力与其振动频率之间的关系求出索力。索力计算可参考《公路桥梁荷载试验规程》（JTG/T J21-01—2015）第 B.0.4 条进行。

5 短索吊杆索力换算时应考虑抗弯刚度的影响，索的长细比小于 10 的情况下，索力测试误差较大，可直接记录振动频率，通过频率值的变化来判断短索的索力变化情况。

6 安装长期监测系统的拉索，索力检测结果应与监测结果进行对比分析，综合判断索力的变化情况。

条文说明

拉吊索索力是衡量拉吊索桥梁是否处于正常运营状态的一个重要指标。对于成桥索力，国内外常用振动频率法测量索力。索端安装阻尼器的拉索，由于阻尼器对拉索频率的影响比较复杂，用分析的方法来确定这种影响比较困难，通常采用测量每一根拉索安装阻尼器前后的频率变化，来确定阻尼器对拉索的约束作用。振动频率法测量索力，影响测量结果的主要因素有两点：①索两端约束条件以及索长的取值与理论假设的差异；②索抗弯刚度的影响。短吊杆索力测试有较大误差，需要记录其振动频率值，通过频率值的变化来判断短吊杆的索力变化情况。

附录 A 构件编码规则附表

表 A-1 梁式桥构件编码规则附表

部位	代码	评价部件	构件	代码	编号规则	举例说明	编号解释
上部结构	1	上部承重构件	主梁	01	部位代码-构件代码-跨-序号	1-01-2-3	第2跨自右至左第3片主梁
			挂梁	02			
		上部一般构件	湿接缝	03			
			横隔板	04			
			铰缝	05			
		支座	支座	06	部位代码-构件代码-墩台-序号	1-06-1-2	第1号墩自右至左第2个支座
下部结构	2	翼墙、耳墙	翼墙	01	部位代码-构件代码-墩台-序号	2-06-2-1	第2号墩自右至左第1个立柱
			耳墙	02			
		锥坡、护坡	锥坡	03			
			护坡	04			
		桥墩	盖梁	05			
			立柱	06			
			系梁	07			
		桥台	台身	08			
			台帽	09			
		墩台基础	基础	10			
		河床	河床	11	部位代码-构件代码-自定义	2-11-××	根据实际情况，可自行定义××部分编号
		调治构造物	调治构造物	12		2-12-××	
桥面系	3	桥面铺装	桥面铺装	01	部位代码-构件代码-联-序号	3-01-1-1	第1联自右至左第1个桥面铺装（第1联右幅桥面铺装）
		伸缩装置	伸缩装置	02			
		人行道	人行道	03			
		栏杆、护栏	栏杆、护栏	04			
		排水系统	排水系统	05			
		照明、标志	照明、标志	06			

注：1. 对于上部结构或桥面系分幅的桥梁，如需区分左右幅，宜在该表推荐编号的基础上进行适当调整。
2. 对于一个桥墩上为双排支座的情况，检测人员应根据小桩号侧、大桩号侧予以区分相同的构件序号，或按已有的构件编码体系进行编号。
3. 河床和调整构造物比较特殊，检测人员可按"部位代码-构件代码-自定义"的原则，根据现场实际情况确定自定义部分的编码规则。

表 A-2 板拱、肋拱、箱型拱、双曲拱桥构件编码规则附表

部位	代码	评价部件	构件	代码	编号规则	举例说明	编号解释
上部结构	1	主拱圈	主拱圈	01	部位代码-构件代码-跨-序号	1-01-1-1	第1跨自右至左第1个主拱圈
		拱上结构	腹拱	02		1-02-2-1	第2跨1号腹拱
			拱上立柱	03			
			盖梁	04			
			实腹段	05			
		桥面板	桥面板	03			
下部结构	2	翼墙、耳墙	翼墙	01	部位代码-构件代码-墩台-序号	2-06-2-1	第2号墩自右至左第1个立柱
			耳墙	02			
		锥坡、护坡	锥坡	03			
			护坡	04			
		桥墩	盖梁	05			
			立柱	06			
			系梁	07			
		桥台	台身	08			
			台帽	09			
		墩台基础	基础	10			
		河床	河床	11	部位代码-构件代码-自定义	2-11-××	根据实际情况，可自行定义××部分编号
		调治构造物	调治构造物	12		2-12-××	
桥面系	3	桥面铺装	桥面铺装	01	部位代码-构件代码-联-序号	3-01-1-1	第1联自右至左第1个桥面铺装（第1联右幅桥面铺装）
		伸缩装置	伸缩装置	02			
		人行道	人行道	03			
		栏杆、护栏	栏杆、护栏	04			
		排水系统	排水系统	05			
		照明、标志	照明、标志	06			

表 A-3 刚架拱桥、桁架拱桥构件编码规则附表

部位	代码	评价部件	构件	代码	编号规则	举例说明	编号解释
上部结构	1	刚架拱片（桁架拱片）	拱片	01	部位代码-构件代码-跨-序号	1-01-1-1	第1跨自右至左第1个拱片
			微弯板	02			
		横向联结系	横向联结系	03			
		桥面板	桥面板	04			
下部结构	2	翼墙、耳墙	翼墙	01	部位代码-构件代码-墩台-序号	2-06-2-1	第2号墩自右至左第1个立柱
			耳墙	02			
		锥坡、护坡	锥坡	03			
			护坡	04			
		桥墩	盖梁	05			
			立柱	06			
			系梁	07			
		桥台	台身	08			
			台帽	09			
		墩台基础	基础	10			
		河床	河床	11	部位代码-构件代码-自定义	2-11-××	根据实际情况，可自行定义××部分编号
		调治构造物	调治构造物	12		2-12-××	
桥面系	3	桥面铺装	桥面铺装	01	部位代码-构件代码-联-序号	3-01-1-1	第1联自右至左第1个桥面铺装（第1联右幅桥面铺装）
		伸缩装置	伸缩装置	02			
		人行道	人行道	03			
		栏杆、护栏	栏杆、护栏	04			
		排水系统	排水系统	05			
		照明、标志	照明、标志	06			

表 A-4 钢-混凝土组合拱桥构件编码规则附表

部位	代码	评价部件	构件	代码	编号规则	举例说明	编号解释
上部结构	1	拱肋	拱肋	01	部位代码-构件代码-跨-序号	1-01-1-1	第1跨自右至左1个主拱圈
		横向联系	横向联系	02			
		立柱	立柱	03			
		吊杆	吊杆	04	部位代码-构件代码-跨-序号	1-04-1-1	第1跨的第1根吊杆
		系杆（含锚具）	系杆（含锚具）	05	部位代码-构件代码-跨-序号	1-05-1-1	第1跨自右向左第1个系杆
		桥面板	桥面板	06			
		支座	支座	07	部位代码-构件代码-墩台-序号	1-07-1-2	1号立柱上自右至左第2个支座
下部结构	2	翼墙、耳墙	翼墙	01	部位代码-构件代码-墩台-序号	2-06-2-1	第2号墩自右至左第1个立柱
			耳墙	02			
		锥坡、护坡	锥坡	03			
			护坡	04			
		桥墩	盖梁	05			
			立柱	06			
			系梁	07			
		桥台	台身	08			
			台帽	09			
		墩台基础	基础	10			
		河床	河床	11	部位代码-构件代码-自定义	2-11-××	根据实际情况，可自行定义××部分编号
		调治构造物	调治构造物	12		2-12-××	
桥面系	3	桥面铺装	桥面铺装	01	部位代码-构件代码-联-序号	3-01-1-1	第1联自右至左第1个桥面铺装（第1联右幅桥面铺装）
		伸缩装置	伸缩装置	02			
		人行道	人行道	03			
		栏杆、护栏	栏杆、护栏	04			
		排水系统	排水系统	05			
		照明、标志	照明、标志	06			

注：1. 对于吊杆的构件序号，顺桥向按上述规则进行编号，横桥向还需根据设计、检测人员的习惯，以"左""右"或者其他易于理解的方式区分。

2. 对于一个吊点双吊杆的情况，按符合习惯、方便理解与记录的原则，检测人员可增加一位数字进行编码，或按已有的构件编码体系进行编号。

表 A-5 悬索桥构件编码规则附表

部位	代码	评价部件	构件	代码	编号规则	举例说明	编号解释
上部结构	1	加劲梁	加劲梁	01	部位代码-构件代码-跨-序号	1-01-2-1	第2跨自右至左第1个加劲梁
		索塔	索塔	02	部位代码-构件代码-桥塔-序号	1-02-1-1	小桩号至大桩号第1个索塔的第1个构件
		支座	支座	03	部位代码-构件代码-跨-墩台-序号	1-03-1-2	第1号墩自右至左第2个支座
		主鞍	主鞍	04	部位代码-构件代码-桥塔-序号	1-04-1-1	第1个桥塔自右至左第1个主鞍
		主缆	主缆	05			
		索夹	索夹	06	部位代码-构件代码-跨-序号	1-06-2-1	第2跨第1个索夹
		吊索及钢护筒	吊索及钢护筒	07			
		锚杆	锚杆	08	部位代码-构件代码-锚碇-序号	1-08-1-1	小桩号侧到大桩号侧第1个锚碇的第1根锚杆
下部结构	2	锚碇	锚碇	01	部位代码-构件代码-墩台-序号	2-01-0-1	0号台自右至左第1个锚碇
		索塔基础	基础	02			
		散索鞍	散索鞍	03			
		河床	河床	04	部位代码-构件代码-自定义	2-04-××	根据实际情况，可自行定义××部分编号
		调治构造物	调治构造物	05		2-05-××	
桥面系	3	桥面铺装	桥面铺装	01	部位代码-构件代码-联-序号	3-01-1-1	第1联自右至左第1个桥面铺装（第1联右幅桥面铺装）
		伸缩装置	伸缩装置	02			
		人行道	人行道	03			
		栏杆、护栏	栏杆、护栏	04			
		排水系统	排水系统	05			
		照明、标志	照明、标志	06			

注：1. 对于吊索、索夹、锚杆等的构件序号，顺桥向按上述规则进行编号，横桥向还需根据设计、检测人员的习惯，以"左""右"或者其他易于理解的方式区分。

2. 对于一个吊点双吊索的情况，按符合习惯、方便理解与记录的原则，检测人员可增加一位数字进行编码，或按已有的构件编码体系进行编号。

表 A-6 斜拉桥构件编码规则附表

部位	代码	评价部件	构件	代码	编号规则	举例说明	编号解释
上部结构	1	斜拉索系统	斜拉索	01	部位代码-构件代码-跨-序号	1-01-2-3	第2跨左第3根（对）斜拉索
			锚具	02			
			拉索护套	03			
			减震装置	04			
		主梁	主梁	05	部位代码-构件代码-跨-序号	1-05-2-1	第2跨主梁的第一个构件
		索塔	索塔	06	部位代码-构件代码-桥塔-序号	1-06-1-1	小桩号至大桩号第1个索塔的第1个构件
		支座	支座	07	部位代码-构件代码-墩台-序号	1-07-1-2	第1号墩自右至左第2个支座
下部结构	2	翼墙、耳墙	翼墙	01	部位代码-构件代码-墩台-序号	2-06-2-1	2号墩自右至左第1个立柱
			耳墙	02			
		锥坡、护坡	锥坡	03			
			护坡	04			
		桥墩	盖梁	05			
			立柱	06			
			系梁	07			
		桥台	台身	08			
			台帽	09			
		墩台基础	基础	10			
		河床	河床	11	部位代码-构件代码-自定义	2-11-××	根据实际情况，可自行定义××部分编号
		调治构造物	调治构造物	12		2-12-××	
桥面系	3	桥面铺装	桥面铺装	01	部位代码-构件代码-联-序号	3-01-1-1	第1联自右至左第1个桥面铺装（第1联右幅桥面铺装）
		伸缩装置	伸缩装置	02			
		人行道	人行道	03			
		栏杆、护栏	栏杆、护栏	04			
		排水系统	排水系统	05			
		照明、标志	照明、标志	06			

注：1. 对于斜拉索的构件序号，顺桥向按上述规则进行编号，横桥向还需根据设计、检测人员的习惯，以"左""右"或者其他易于理解的方式区分。
2. 对于一个吊点两根斜拉索的情况，按符合习惯、方便理解与记录的原则，检测人员可增加一位数字进行编码，或按已有的构件编码体系进行编号。

附录 B 病害记录与统计表

表 B-1 桥梁表观病害检查记录表

路线编号		路线名称		上次检查时间	
桥梁名称		桥梁编号		检测单位	
				建成年限	
结构类型		桥位桩号		管养单位	
				检查时间	
		构件名称		桥梁全长（m）	
序号	结构部位	结构编号	构件编号	病害类型	病害位置	病害特征	定性标度	照片编号	备注

检测： 记录：

表 B-2 桥梁混凝土结构病害位置记录内容

结构部位	结构类型	部件	构件部位	相对参考点/参考线	病害至参考点/参考线距离
上部结构	板梁	主梁	底面、左侧面、右侧面	小桩号侧、大桩号侧	中心距离或距离范围
		铰缝	铰缝	小桩号侧、大桩号侧	中心距离或距离范围
	T形梁	主梁	底面、腹板左侧面、腹板右侧面、马蹄左侧面、马蹄右侧面、左侧翼缘板、右侧翼缘板	小桩号侧、大桩号侧	中心距离或距离范围
		横隔板	底面、小桩号侧面、大桩号侧面		
		湿接缝		小桩号侧、大桩号侧	中心距离或距离范围
	装配式箱梁	主梁	底面、左腹板、右腹板、左翼缘、右翼缘	小桩号侧、大桩号侧	中心距离或距离范围
		横隔板	底面、小桩号侧面、大桩号侧面		
		湿接缝		小桩号侧、大桩号侧	中心距离或距离范围
	整体式箱梁	主梁	箱室内左侧腹板、箱室内右侧腹板、箱室内小桩号侧隔板、箱室内大桩号侧隔板、箱室内底板、箱室内顶板、箱室外底板、箱室外左腹板、箱室外右腹板、箱室外左翼缘板、箱室外右翼缘板	小桩号侧、大桩号侧、上侧、下侧、左侧、右侧	中心距离或距离范围
下部结构		翼墙、耳墙	左侧、右侧	台背	中心距离或距离范围
		锥坡、护坡	左侧、右侧	台身	中心距离或距离范围
		桥墩（立柱、盖梁、系梁）	大桩号侧面、小桩号侧面、底面、顶面、左侧面、右侧面	墩顶、墩底、承台、系梁	中心距离或距离范围
		桥台	大桩号侧面、小桩号侧面、前侧面、后侧面、左侧面、右侧面	台帽、台底、左侧、右侧	中心距离或距离范围
		墩台基础	顶面、侧面		
		河床			
		调治构造物			

续表 B-2

结构部位	结构类型	部件	构件部位	相对参考点/参考线	病害至参考点/参考线距离
桥面系		桥面铺装		小桩号侧伸缩装置、大桩号侧伸缩装置、左侧护栏、右侧护栏、左侧人行道、右侧人行道、中央分隔带	中心距离或距离范围
		伸缩装置		左侧护栏、右侧护栏、左侧人行道、右侧人行道、中央分隔带	中心距离或距离范围
		人行道		小桩号侧伸缩装置、大桩号侧伸缩装置	中心距离或距离范围
		栏杆、护栏		小桩号侧伸缩装置、大桩号侧伸缩装置	中心距离或距离范围
		排水系统		小桩号侧伸缩装置、大桩号侧伸缩装置	中心距离或距离范围
		照明、标志		小桩号侧伸缩装置、大桩号侧伸缩装置	中心距离或距离范围

注：其他类型桥梁可参考混凝土梁式桥对病害位置记录。

表 B-3　桥梁混凝土结构病害特征描述记录内容

结构部位	病害类型	数量(处、条)	长度(m)	宽度(mm)	位置	面积(m²)	深度(m)	角度(°)	位移(mm)
上部结构	蜂窝	√				√			
	麻面	√				√			
	剥落、掉角	√				√	√		
	空洞、孔洞	√			√	√	√		
	露筋、钢筋锈胀	√	√		√	√			
	预应力构件损伤（含齿板裂缝）	√	√	√	√				
	横向裂缝	√	√	√	√				
	纵向裂缝	√	√	√	√				
	竖向裂缝	√	√	√	√				
	斜裂缝	√	√	√	√				
	水平裂缝	√	√	√	√				
	网状裂缝	√	√		√	√			
支座	老化、变质、开裂	√							
	外鼓、钢板外露	√							
	串动、脱空、剪切	√			√	√	√		
	位移、转角	√			√			√	√
下部结构	蜂窝	√			√	√			
	麻面	√			√	√			
	剥落、露筋	√			√	√	√		
	空洞、孔洞	√			√	√	√		
	磨损	√			√	√			

续表 B-3

结构部位	病害类型	记录参数						
		数量（处、条）	长度（m）	宽度（mm）	位置	面积（m²）	深度（m）	角度（°）	位移（mm）
下部结构	水平裂缝	√	√	√	√				
	竖向裂缝	√	√	√	√				
	网状裂缝	√			√	√			
	桥头跳车	√			√		√		
	冲刷	√			√	√	√		
	沉降	√			√		√		
	滑移、倾斜	√			√				
桥面系	车辙	√	√		√	√	√		
	高低不平	√	√	√	√	√	√		
	泛油	√	√		√	√			
	坑槽	√			√	√	√		
	松散、露骨	√			√	√			
	横向裂缝	√	√	√	√				
	纵向裂缝	√	√	√	√				
	龟裂	√			√	√			
	块裂	√			√	√			
	拥包	√			√	√	√		
	磨光、脱皮、露骨	√			√	√			
	错台	√			√		√		
	坑洞	√			√	√	√		
	剥落	√			√	√	√		
	拱起	√			√	√			

续表 B-3

结构部位	病害类型	记录参数							
		数量（处、条）	长度（m）	宽度（mm）	位置	面积（m²）	深度（m）	角度（°）	位移（mm）
桥面系	接缝料损坏	√	√						
	板角裂缝	√	√	√					
	破碎	√							
	伸缩装置胶条老化	√			√				
	伸缩装置锚固区破损	√				√			
	伸缩装置锚固件缺失	√				√			
	栏杆缺损、缺失	√	√						
	排水不畅	√							
	堵塞	√							
	破损缺件	√							
	污损损坏	√							
	照明损失	√							
	标志缺失	√							

表 B-4 桥梁结构混凝土表观病害检查结果统计表

路线编号		路线名称		检测单位		上次检查时间	
桥梁名称		桥梁编号		管养单位		建成年限	
结构类型		桥位桩号		桥梁全长（m）		检查时间	
序号	评价部件	构件总数	病害构件数	病害类型	病害数量	病害总体特征	典型照片	备注

检测：　　　　　　　　　　　　　　　　　　　　　　审核：

表 B-5 桥梁结构混凝土裂缝检查专用记录表

路线编号			路线名称		上次检查时间					
桥梁名称			桥梁编号		建成年限					
结构类型			桥位桩号		检查时间					
序号	结构部位	结构编号	构件名称	构件编号	裂缝类型	病害位置		长度(m)	宽度(mm)	环境温度	定性标度	照片编号	备注
						起始坐标	终止坐标						

检测：　　　　　　　　　　　　　　　　　　　　　　　　　　　审核：

表 B-6　桥梁结构混凝土裂缝连续观测记录表

路线编号		路线名称		检测单位		上次检查时间		
桥梁名称		桥梁编号		管养单位		建成年限		
结构类型		桥位桩号		桥梁全长（m）		检查时间		
序号	结构部位	结构编号	构件名称	构件编号	裂缝类型	病害位置	初始长度（m）	初始宽度（mm）	本次长度（m）	本次宽度（mm）	环境温度	变化趋势	定性标度	照片编号	备注

检测：　　　　　　　　　　　　　　　　　　　　　　　　　审核：

表 B-7 桥梁结构混凝土表面裂缝检查结果统计表

路线编号		路线名称		检测单位		上次检查时间	
桥梁名称		桥梁编号		管养单位		建成年限	
结构类型		桥位桩号		桥梁全长（m）		检查时间	
序号	结构部位	结构编号	构件编号	构件名称	裂缝类型	数量（≥0.15mm）	长度（≥0.15mm）	数量（<0.15mm）	长度（<0.15mm）	成因类型

检测：　　　　　　　　　　　　　　　　　　审核：

附录 C 支座检查记录表

表 C-1 公路桥梁板式橡胶支座检查记录表

检测日期			环境温度	
桥梁名称			桥梁编号	
支座位置				
支座规格型号				
查阅资料记录				
项目	检测结果			
橡胶保护层开裂和龟裂情况	开裂	裂缝条数		
		总长度（mm）		
		最大宽度（mm）		
	龟裂	面积（mm^2）		
有无中间钢板外露				
支座剪切角度（°）				
不均匀外鼓长度（mm）				
支座脱空面积（mm^2）				
支座移位情况				
滑板滑脱、不锈钢板脱落情况				
钢垫板锈蚀情况				
支座垫石缺陷				
支座使用环境				
备注				

检测：　　　　　　　　　　　　　　　　　　　　　　　　　审核：

表 C-2　公路桥梁盆式（或球型）支座检查记录表

检测日期			环境温度	
桥梁名称			桥梁编号	
支座位置				
支座规格型号				
查阅资料记录				
项目			检测结果	
下支座板盆体裂纹		位置		
		长度（mm）		
		最大宽度（mm）		
承压橡胶板外漏情况				
钢组件锈蚀情况				
滑板滑脱或断裂情况				
上支座板顶面与下支座板底面之间实测最大距离（mm）				
上支座板顶面与下支座板底面之间实测最小距离（mm）				
下支座板长度（mm）				
平面滑板外露高度（mm）				
锚栓剪断、螺帽缺失、螺帽未拧紧情况				
支座垫石缺陷				
支座使用环境				
备注				

检测：　　　　　　　　　　　　　　　　　　　　　　　　　　　审核：

附录 D 伸缩装置检查记录表

表 D-1 模数式伸缩装置检查记录表

检测日期		环境温度	
桥梁名称		桥梁编号	
伸缩装置安装位置			
伸缩装置规格型号			
查阅资料记录			
项目		检测结果	
锚固区混凝土裂缝	裂缝位置和数量		
	最大裂缝长度（mm）		
	最大裂缝宽度（mm）		
纵梁高差	第一处纵梁高差（mm）		
	第二处纵梁高差（mm）		
	第三处纵梁高差（mm）		
	纵梁高差最大值（mm）		
钢纵梁脱焊、断裂情况			
橡胶密封带老化、脱落、破漏情况			
橡胶密封带内垃圾填塞情况			
纵梁间隙宽度是否均匀、是否顶死			
备注			

检测： 审核：

表 D-2 梳齿板式伸缩装置检查记录表

检测日期		环境温度	
桥梁名称		桥梁编号	
伸缩装置安装位置			
伸缩装置规格型号			
查阅资料记录			
锚固螺栓锈蚀、损坏、脱落情况			
梳齿变形、间隙不均匀、卡齿、断裂情况			
橡胶导水装置内垃圾填塞情况			
备注			

检测： 审核：

本规程用词用语说明

1 本规程执行严格程度的用词,采用下列写法:
1)表示很严格,非这样做不可的用词,正面词采用"必须",反面词采用"严禁";
2)表示严格,在正常情况下均应这样做的用词,正面词采用"应",反面词采用"不应"或"不得";
3)表示允许稍有选择,在条件许可时首先应这样做的用词,正面词采用"宜",反面词采用"不宜";
4)表示有选择,在一定条件下可以这样做的用词,采用"可"。

2 引用标准的用语采用下列写法:
1)在标准总则中表述与相关标准的关系时,采用"除应符合本规程的规定外,尚应符合国家和行业现行有关标准的规定"。
2)在标准条文及其他规定中,当引用的标准为国家标准和行业标准时,表述为"应符合《××××××》(×××)的有关规定"。
3)当引用本标准中的其他规定时,表述为"应符合本规程第×章的有关规定"、"应符合本规程第×.×节的有关规定"、"应符合本规程第×.×.×条的有关规定"或"应按本规程第×.×.×条的有关规定执行"。

现行公路工程行业标准一览表

(2022 年 9 月)

序号	板块	模块	现行编号	名　　称	定价(元)
1	总体		JTG 1001—2017	公路工程标准体系(14300)	20.00
2			JTG A02—2013	公路工程行业标准制修订管理导则(10544)	15.00
3			JTG A04—2013	公路工程标准编写导则(10538)	20.00
4	通用	基础	JTG B01—2014	公路工程技术标准(活页夹版,11814)	98.00
				公路工程技术标准(平装版,11829)	68.00
5			JTG 2111—2019	小交通量农村公路工程技术标准(15327)	50.00
6			JTG 2112—2021	城镇化地区公路工程技术标准(17752)	50.00
7			JTJ 002—87	公路工程名词术语(0346)	22.00
8			JTJ 003—86	公路自然区划标准(0348)	16.00
9			JTG 2120—2020	公路工程结构可靠性设计统一标准(16532)	50.00
10			建标[2011]124 号	公路工程项目建设用地指标(09402)	36.00
11			JTG F80/1—2017	公路工程质量检验评定标准　第一册　土建工程(14472)	90.00
12			JTG 2182—2020	公路工程质量检验评定标准　第二册　机电工程(16987)	60.00
13		安全	JTG B05—2015	公路项目安全性评价规范(12806)	45.00
14			JTG B05-01—2013	公路护栏安全性能评价标准(10992)	30.00
15			JTG B02—2013	公路工程抗震规范(11120)	45.00
16			JTG/T 2231-01—2020	公路桥梁抗震设计规范(16483)	80.00
17			JTG/T 2231-02—2021	公路桥梁抗震性能评价细则(16433)	40.00
18			JTG 2232—2019	公路隧道抗震设计规范(16131)	60.00
19			JTG F90—2015	公路工程施工安全技术规范(12138)	68.00
20		绿色	JTG B03—2006	公路建设项目环境影响评价规范(13373)	40.00
21			JTG B04—2010	公路环境保护设计规范(08473)	28.00
22			JTG/T 2321—2021	公路工程利用建筑垃圾技术规范(17536)	40.00
23			JTG/T 2340—2020	公路工程节能规范(16115)	30.00
24		智慧	JTG/T 2420—2021	公路工程信息模型应用统一标准(17181)	50.00
25			JTG/T 2421—2021	公路工程设计信息模型应用标准(17179)	80.00
26			JTG/T 2422—2021	公路工程施工信息模型应用标准(17180)	70.00
27	建设	勘测	JTG C10—2007	公路勘测规范(06570)	40.00
28			JTG/T C10—2007	公路勘测细则(06572)	42.00
29			JTG C20—2011	公路工程地质勘察规范(09507)	65.00
30			JTG/T C21-01—2005	公路工程地质遥感勘察规范(0839)	17.00
31			JTG/T C21-02—2014	公路工程卫星图像测绘技术规程(11540)	25.00
32			JTG/T 3221-04—2022	公路跨海通道工程地质勘察规程(18076)	70.00
33			JTG/T 3222—2020	公路工程物探规程(16831)	60.00
34			JTG 3223—2021	公路工程地质原位测试规程(17325)	100.00
35		设计	JTG C30—2015	公路工程水文勘测设计规范(12063)	70.00
36			JTG/T 3310—2019	公路工程混凝土结构耐久性设计规范(15635)	50.00
37			JTG/T 3311—2021	小交通量农村公路工程设计规范(17487)	60.00
38			JTG D20—2017	公路路线设计规范(14301)	80.00
39			JTG/T D21—2014	公路立体交叉设计细则(11761)	60.00
40			JTG D30—2015	公路路基设计规范(12147)	98.00
41			JTG/T D31—2008	沙漠地区公路设计与施工指南(1206)	32.00
42			JTG/T D31-02—2013	公路软土地基路堤设计与施工技术细则(10449)	40.00
43			JTG/T D31-03—2011	采空区公路设计与施工技术细则(09181)	40.00
44			JTG/T D31-04—2012	多年冻土地区公路设计与施工技术细则(10260)	40.00
45			JTG/T D31-05—2017	黄土地区公路路基设计与施工技术规范(13994)	50.00
46			JTG/T D31-06—2017	季节性冻土地区公路设计与施工技术规范(13981)	45.00
47			JTG/T D32—2012	公路土工合成材料应用技术规范(09908)	50.00
48			JTG/T D33—2012	公路排水设计规范(10337)	40.00
49			JTG/T 3334—2018	公路滑坡防治设计规范(15178)	55.00
50			JTG D40—2011	公路水泥混凝土路面设计规范(09463)	40.00
51			JTG D50—2017	公路沥青路面设计规范(13760)	50.00
52			JTG/T 3350-03—2020	排水沥青路面设计与施工技术规范(16651)	50.00
53			JTG D60—2015	公路桥涵设计通用规范(12506)	40.00
54			JTG/T 3360-01—2018	公路桥梁抗风设计规范(15231)	75.00
55			JTG/T 3360-02—2020	公路桥梁抗撞设计规范(16435)	40.00
56			JTG/T 3360-03—2018	公路桥梁景观设计规范(14540)	40.00
57			JTG D61—2005	公路圬工桥涵设计规范(13355)	30.00
58			JTG 3362—2018	公路钢筋混凝土及预应力混凝土桥涵设计规范(14951)	90.00
59			JTG 3363—2019	公路桥涵地基与基础设计规范(16223)	90.00
60			JTG D64—2015	公路钢结构桥梁设计规范(12507)	80.00
61			JTG/T D64-01—2015	公路钢混组合桥梁设计与施工规范(12682)	45.00
62			JTG/T 3364-02—2019	公路钢桥面铺装设计与施工技术规范(15637)	50.00
63			JTG/T 3365-01—2020	公路斜拉桥设计规范(16365)	50.00
64			JTG/T 3365-02—2020	公路涵洞设计规范(16583)	50.00
65			JTG/T D65-05—2015	公路悬索桥设计规范(12674)	55.00
66			JTG/T D65-06—2015	公路钢管混凝土拱桥设计规范(12514)	40.00
67			JTG/T 3365-05—2022	公路装配式混凝土桥梁设计规范(17885)	60.00
68			JTG 3370.1—2018	公路隧道设计规范　第一册　土建工程(14639)	110.00
69			JTG D70/2—2014	公路隧道设计规范　第二册　交通工程与附属设施(11543)	50.00

序号	板块	模块	现行编号	名　　　称	定价(元)
70		设计	JTG/T D70—2010	公路隧道设计细则(08478)	66.00
71			JTG/T D70/2-01—2014	公路隧道照明设计细则(11541)	35.00
72			JTG/T D70/2-02—2014	公路隧道通风设计细则(11546)	70.00
73			JTG/T 3371—2022	公路水下隧道设计规范(17889)	120.00
74			JTG/T 3371-01—2022	公路沉管隧道设计规范(18063)	70.00
75			JTG/T 3374—2020	公路瓦斯隧道设计与施工技术规范(16141)	60.00
76			JTG D80—2006	高速公路交通工程及沿线设施设计通用规范(0998)	25.00
77			JTG D81—2017	公路交通安全设施设计规范(14395)	60.00
78			JTG/T D81—2017	公路交通安全设施设计细则(14396)	90.00
79			JTG/T 3381-02—2020	公路限速标志设计规范(16696)	40.00
80			JTG D82—2009	公路交通标志和标线设置规范(07947)	116.00
81			JTG/T 3383-01—2020	公路通信及电力管道设计规范(16686)	40.00
82			JTG/T L11—2014	高速公路改扩建设计细则(11998)	45.00
83			JTG/T L80—2014	高速公路改扩建交通工程与沿线设施设计细则(11999)	30.00
84			JTG/T 3392—2022	高速公路改扩建交通组织设计规范(17883)	50.00
85		通用图	JTG/T 3911—2021	装配化工字组合梁钢桥通用图(17771)	3000.00
86	建设	试验	JTG E20—2011	公路工程沥青及沥青混合料试验规程(09468)	106.00
87			JTG 3420—2020	公路工程水泥及水泥混凝土试验规程(16989)	100.00
88			JTG 3430—2020	公路土工试验规程(16828)	120.00
89			JTG E41—2005	公路工程岩石试验规程(13351)	30.00
90			JTG E42—2005	公路工程集料试验规程(13353)	50.00
91			JTG E50—2006	公路工程土工合成材料试验规程(13398)	40.00
92			JTG E51—2009	公路工程无机结合料稳定材料试验规程(08046)	60.00
93		检测	JTG 3450—2019	公路路基路面现场测试规程(15830)	90.00
94			JTG/T 3512—2020	公路工程基桩检测技术规程(16482)	60.00
95			JTG/T 3520—2021	公路机电工程测试规程(17414)	60.00
96		施工	JTG/T 3610—2019	公路路基施工技术规范(15769)	80.00
97			JTG/T F20—2015	公路路面基层施工技术细则(12367)	45.00
98			JTG/T F30—2014	公路水泥混凝土路面施工技术细则(11244)	60.00
99			JTG F40—2004	公路沥青路面施工技术规范(05328)	50.00
100			JTG/T 3650—2020	公路桥涵施工技术规范(16434)	125.00
101			JTG/T 3650-02—2019	特大跨径公路桥梁施工测量规范(15634)	80.00
102			JTG/T 3651—2022	公路钢结构桥梁制造和安装施工规范(17884)	80.00
103			JTG/T 3652—2022	跨海钢箱梁桥大节段施工规范(18075)	30.00
104			JTG/T 3660—2020	公路隧道施工技术规范(16488)	100.00
105			JTG/T 3671—2021	公路交通安全设施工技术规范(17000)	50.00
106			JTG/T F72—2011	公路隧道交通工程与附属设施施工技术规范(09509)	35.00
107		监理	JTG G10—2016	公路工程施工监理规范(13275)	40.00
108		造价	JTG 3810—2017	公路工程建设项目造价文件管理导则(14473)	50.00
109			JTG/T 3811—2020	公路工程施工定额测定与编制规程(16083)	60.00
110			JTG/T 3812—2020	公路工程建设项目造价数据标准(16836)	100.00
111			JTG 3820—2018	公路工程建设项目投资估算编制办法(14362)	60.00
112			JTG/T 3821—2018	公路工程估算指标(14363)	120.00
113			JTG 3830—2018	公路工程建设项目概算预算编制办法(14364)	60.00
114			JTG/T 3831—2018	公路工程概算定额(14365)	270.00
115			JTG/T 3832—2018	公路工程预算定额(14366)	300.00
116			JTG/T 3832-01—2022	公路桥梁钢结构工程预算定额(18182)	40.00
117			JTG/T 3833—2018	公路工程机械台班费用定额(14367)	50.00
118	养护	综合	JTG H10—2009	公路养护技术规范(08071)	60.00
119			JTG 5120—2021	公路桥涵养护规范(17160)	60.00
120			JTG/T 5122—2021	公路缆索结构体系桥梁养护技术规范(17764)	60.00
121			JTG/T 5124—2022	公路跨海桥梁养护技术规范(18092)	50.00
122			JTG H12—2015	公路隧道养护技术规范(12062)	60.00
123			JTJ 073.1—2001	公路水泥混凝土路面养护技术规范(13658)	20.00
124			JTG 5142—2019	公路沥青路面养护技术规范(15612)	60.00
125			JTG/T 5142-01—2021	公路沥青路面预防养护技术规范(17578)	50.00
126			JTG 5150—2020	公路路基养护技术规范(16596)	40.00
127			JTG/T 5190—2019	农村公路养护技术规范(15430)	30.00
128		检测评价	JTG 5210—2018	公路技术状况评定标准(15202)	40.00
129			JTG/T E61—2014	公路路面技术状况自动化检测规程(11830)	25.00
130			JTG/T H21—2011	公路桥梁技术状况评定标准(09324)	46.00
131			JTG/T J21—2011	公路桥梁承载能力检测评定规程(09480)	20.00
132			JTG/T J21-01—2015	公路桥梁荷载试验规程(12751)	40.00
133			JTG/T 5214—2022	在用公路桥梁现场检测技术规程(18168)	50.00
134			JTG 5220—2020	公路养护工程质量检验评定标准　第一册　土建工程(16795)	80.00
135		养护设计	JTG 5421—2018	公路沥青路面养护设计规范(15201)	40.00
136			JTG/T J22—2008	公路桥梁加固设计规范(07380)	52.00
137			JTG/T 5440—2018	公路隧道加固技术规范(15402)	70.00
138		养护施工	JTG/T F31—2014	公路水泥混凝土路面再生利用技术细则(11360)	30.00
139			JTG/T 5521—2019	公路沥青路面再生技术规范(15839)	60.00
140			JTG/T J23—2008	公路桥梁加固施工技术规范(07378)	40.00
141			JTG H30—2015	公路养护安全作业规程(12234)	90.00
142		造价	JTG 5610—2020	公路养护预算编制导则(16733)	50.00
143			JTG/T M72-01—2017	公路隧道养护工程预算定额(14189)	60.00
144			JTG/T 5612—2020	公路桥梁养护工程预算定额(16855)	50.00
145			JTG/T 5640—2020	农村公路养护预算编制办法(16302)	70.00
146	运营	收费服务	JTG 6310—2022	收费公路联网收费技术标准	110.00
147			JTG/T 6303.1—2017	收费公路移动支付技术规范　第一册　停车移动支付(14380)	20.00
148			JTG B10-01—2014	公路电子不停车收费联网运营和服务规范(11566)	30.00

注:JTG——公路工程行业标准;JTG/T——公路工程行业推荐性标准。销售电话:010-85285659;业务咨询电话:010-85285922/30。